SABINE THOMAS (Hrsg.)

Tatort Ammersee

TRÜGERISCHE IDYLLE Der Ammersee im malerischen Fünf-Seen-Land vor den Toren Münchens lockt jedes Jahr Tausende von Touristen an seine Ufer, ins Kloster Andechs, zum berühmten Töpfermarkt in Dießen oder zu einer Fahrt mit dem historischen Schaufelrad-Dampfer.

Doch die Idylle trügt: Ein junges Mädchen verschwindet spurlos, ein herrenloses Ruderboot wird mit einem blutverschmierten Messer am Ufer angetrieben, ein Wasserwachtler lässt tief blicken, eine Voyeurin schleicht nachts durchs Villenviertel, bei einer Wandergruppe kriselt es, merkwürdige Unfälle geben Rätsel auf und eine Traumhochzeit am Ammersee entwickelt sich zum Albtraum …

Neun spannende Kriminalgeschichten aus Bayern – erzählt von namhaften Autorinnen und Autoren der deutschen Krimiszene!

Foto: A. Hob

Sabine Thomas ist Autorin, Fotografin und Initiatorin des Krimifestivals »Tatort Ammersee« sowie des »Krimifestival München«. Sie wurde bekannt als TV-Moderatorin, hat einen preisgekrönten Roman (»Yaizas Insel«), diverse Bildtextbände sowie zahlreiche Kurzkrimis in Anthologien veröffentlicht und Drehbücher für eine ARD-Krimiserie geschrieben. Sie lebt in Herrsching am Ammersee.

SABINE THOMAS (Hrsg.)

Tatort Ammersee

9 Kriminalgeschichten vom Ammersee

GMEINER Original

Personen und Handlung sind frei erfunden.
Ähnlichkeiten mit lebenden oder toten Personen
sind rein zufällig und nicht beabsichtigt.

Besuchen Sie uns im Internet:
www.gmeiner-verlag.de

Im Ehnried 5, 88605 Meßkirch
Telefon 07575/2095-0
info@gmeiner-verlag.de

2. Auflage 2009

Lektorat: Claudia Senghaas, Kirchardt
Herstellung / Korrektorat: Susanne Tachlinski / Katja Ernst
Umschlaggestaltung: U.O.R.G. Lutz Eberle, Stuttgart
unter Verwendung eines Fotos von Sabine Thomas
Druck: Fuldaer Verlagsanstalt, Fulda
Printed in Germany
ISBN 978-3-89977-806-9

Inhaltsverzeichnis

Michael Rossié

Der Sherlock Holmes vom Ammersee

Man hätte meinen können, es sei der Lago Maggiore. Die Segelboote schaukelten sanft im Wind, und als erstes Zeichen der Dämmerung färbte sich der Himmel langsam rot. Wer hier lebte, brauchte nicht in Urlaub zu fahren.

Remigius Marx saß auf seiner Lieblingsbank an der Uferpromenade in Herrsching und hing seinen Gedanken nach. Sollte er heute mal im *Seespitz* Spaghetti Carbonara oder im *Seehof* einen deftigen Schweinsbraten mit Knödeln essen? Oder würde er einfach, wie so oft, auf dieser Bank kleben bleiben, bis es so spät war, dass ein schweres Abendessen nicht mehr infrage kam?

Die Pensionierung hatte auch ihre guten Seiten. Man konnte sich die Probleme selber machen. Manchmal wünschte er, er lebte in Norddeutschland oder im Ruhrgebiet, an Orten also, wo einen die Schönheit der Landschaft nicht dauernd von einer für die Allgemeinheit nützlichen Betätigung ablenkte.

Remigius streckte sich und schloss zufrieden mit der Welt die Augen. Kriminalkommissare im Ruhestand rauchten an dieser Stelle eine Pfeife, aber da er sich das Rauchen mit äußerster Willenskraft abgewöhnt hatte, befreite er jetzt feierlich einen Kaugummi aus der Verpackung, den er sich in den Mund schob, als sei es eine sündhaft teure Trüffelpraline.

Plötzlich ließ ihn ein energischer Schritt aufhorchen. Kommissar Demmel war im Anmarsch. Sein Problem schien wieder einmal unlösbar zu sein, denn den Mut der Verzweiflung konnte man an der Art, wie Kommissar Demmel ging, gut erkennen.

Der Kommissar aus Fürstenfeldbruck setzte sich wortlos neben Marx und atmete tief durch. Er hatte sich per Handy angekündigt, und es gab keinen Grund für eine lange Konversation.

»Ich werde dir nicht helfen können«, sagte Marx, ohne den Blick von der untergehenden Sonne zu wenden, »und ich werde sicher nicht mit dir den Tatort besichtigen, und ich habe auch keinen Wunsch die ehemaligen Kollegen wiederzusehen ...«

»Ich brauche nur deinen Rat!«, sagte Demmel so leise, als wollte er die Abendstimmung nicht stören. Remigius entspannte sich wieder.

»Was ist es diesmal? Entführung? Mord?«

»Ich weiß es noch nicht.«

Remigius schwieg. Kollege Demmel würde schon deutlicher werden.

»Ein Mädchen ist verschwunden. 16 Jahre. Seit drei Tagen. Es gibt keine Spur von ihr. Die Fahndung ist draußen, aber nichts!«

»Mit 16 will man auch mal seine Ruhe haben, oder?«

»So einfach ist das nicht«, sagte Demmel, »Sie macht mit ihren Eltern hier Urlaub, der Vater hat allerbeste Beziehungen. Banker in Frankfurt, wohnt in Königstein im Taunus! Seine Frau organisiert wichtige Empfänge für irgendwelche Kinder in Not. Es steht jede Woche etwas über sie in der Yellow Press.«

Dem Kollegen Demmel war deutlich anzusehen, dass er unter Druck stand.

»Die Tochter hat nicht mal ihre Sachen mitgenommen. Keine Anzeichen eines Streites. Mir scheint eine Entführung ziemlich wahrscheinlich. Allerdings gibt es von den Entführern noch keine Nachricht.«

»Was soll ich dabei?«, fragte Remigius leise lächelnd.

»Ich habe gehofft«, druckste Demmel herum, »du hast vielleicht eine Idee. Vielleicht ist sie ja nur weggelaufen. Aber ich habe keine Ahnung, wo ich sie noch suchen soll. Polizei, Wasserwacht, niemand hat etwas von ihr gesehen. Und hier in der Gegend kennt sich niemand so gut aus wie du.«

Da Remigius nichts sagte, redete Demmel weiter.

»Das Mädchen hat morgens mit der Mutter noch gefrühstückt, am Abend war sie verschwunden. Niemand hat etwas gesehen. Sie hat nur das mitgenommen, was sie anhatte, und Geld hat sie offenbar auch keins. Nur eine Kreditkarte …«

»Eine Kreditkarte mit 16 …« Remigius pfiff durch die Zähne. »Ich wette, das Mädchen heißt Kimberley?«

»Du kennst sie?« Demmel machte große Augen.

»Nein, ich habe geraten. Sie hätte auch Angelina heißen können oder Kyra. Wer aus Raisting kommt, wie ich, der heißt Remigius. Viele in Raisting heißen Remigius, weil es St. Remigius in Raisting immerhin schon seit dem 6. Jahrhundert gibt. Und auch Marx ist dort ein ganz alter Name. Wenn die Mutter also nicht nur Galas veranstaltet, sondern auch noch ein Hochglanz-Magazin gleichen Namens liest, dann heißt die Tochter eben Kimberley. Dazu muss man kein Kommissar sein.«

Demmel war beeindruckt. Sein Ex-Kollege hatte mit der Arbeit bereits angefangen.

»Du hast recht, sie heißt Kimberley Bauer! Jetzt bitte noch ein paar Dinge, die ich noch nicht weiß.«

Remigius ließ den anderen einen Moment warten.

»Ich wette, das Hotel, in dem sie wohnen, steht in Starnberg.«

»In Berg!« korrigierte Demmel lächelnd.

»Aber natürlich, in Berg. Und sie sind mit so einem Ungetüm auf vier Rädern hier, unter dem ein Kind mit einem Fahrrad mühelos unten durchradeln kann, ohne sich den Kopf zu stoßen. Am Abend versperrt es dann die Zufahrt zum Restaurant *Fischmeister*.«

»Mach nur weiter!«

»Hat sie die Kreditkarte benutzt?« wollte Remigius wissen.

»Nein, ich frage mich, wovon sie lebt. Die kommt seit Tagen ohne einen Cent aus.«

»Nicht unbedingt«, warf Remigius ein, »wenn sie in einem Hotel wohnt und da auch die Mahlzeiten einnimmt, würde alles erst am Ende abgebucht.«

Darauf war Demmel noch gar nicht gekommen. Ein Hotel. Da könnte sie mit einer Kreditkarte noch Wochen bleiben.

»Haben sich die Eltern bei euch gemeldet, nachdem sie verschwunden war?«, fragte Remigius nach einer kurzen Pause.

Demmel schüttelte den Kopf.

»Auch wenn die Eltern in Starnberg nur Urlaub machen ... Der Starnberger wendet sich lieber an die Dienststelle in München als an jemanden, der aus Fürstenfeldbruck kommt.«

»Und die Kollegen in München haben dann dich informiert.«

»Die zuständige Kriminalinspektion sind nun mal wir.«

Remigius sah einem Schwanenpaar zu, das majestätisch in Richtung untergehende Sonne über das Wasser glitt.

»Tippe, die Mutter ist sonnenbankgebräunt, der Mann arbeitet jeden Tag bis in die Nacht und hat keine Ahnung, welche Schulnoten seine Tochter hat.«

»Ja. Sie haben erst am Abend des zweiten Tages überhaupt bemerkt, dass Kimberley verschwunden war. Vater Bauer war für einen Termin kurz nach Berlin geflogen.«

»Arme Kimberley!«, entfuhr es Ex-Kommissar Marx. »Möglicherweise hätte ich in der Familie auch das Weite gesucht.«

»Das habe ich auch schon vermutet«, antwortete Demmel, »aber doch nicht ohnc ihre Sachen. So eine verzogene Göre verschwindet doch nicht ohne ihre Designerklamotten und Mamas Portemonnaie.«

»Ganz langsam …« Remigius fing die Sache an

zu interessieren. »Keine voreiligen Schlüsse. Was weißt du noch über das Mädchen?«

Demmel holte ein Foto aus seiner Aktentasche und reichte es hinüber.

»Wir können uns gerne im Hotel ihre Sachen ansehen!«

Remigius blickte auf ein Foto der glücklichen Familie. Eine diäterfahrene Frau mit Dauerwellenfrisur im Kostüm neben einem am Kopf nur teilweise behaarten, etwas kleineren Mann, der auf dem Sprung zu sein schien. Außerdem ein hübsches junges Mädchen, das die Hände in die Hosentaschen stemmte und mit ihrem Gesichtsausdruck deutlich dokumentierte, dass sie zu diesem Foto gezwungen worden war.

»Hilfst du mir?« Demmel zog die Augenbrauen hoch. »Wäre mir ein Abendessen wert!«

Erst nachdem Remigius sich in aller Ruhe überzeugt hatte, dass nun auch der letzte Rest Sonne am Horizont verschwunden war, stand er auf.

»Gehen wir!«

Es dauerte über eine Stunde, bis Remigius das Hotelzimmer von Kimberley und den Inhalt ihres

Koffers gründlich untersucht hatte. Jedes Eselsohr in ihren Büchern, jedes Etikett in ihrer Kleidung schaute er an, als gelte es, geheime Zeichen zu erkennen.

Demmel wurde zunehmend ungeduldig. Wenn sein Chef mitbekam, dass er hier stundenlang in Pferdebüchern blätterte, Süßigkeiten inspizierte und Wäsche eines Teenagers begutachtete, dann würde er Ärger bekommen.

Dann setzte sich Remigius auf den Sessel neben dem Fenster.

»Jetzt wissen wir doch schon eine ganze Menge mehr!«, stellte er gut gelaunt fest, »Kimberley scheint eine besondere junge Dame zu sein.«

»Wie meinst du das?« Marx schien etwas gesehen zu haben.

»Siehst du hier irgendein Stofftier? Oder einen CD-Player oder CDs?«

»Sie könnte einen MP3 Player haben?«

»Nein, dann wäre hier irgendwo ein Ladekabel. Kimberley interessiert sich für andere Dinge. Die drei Bumerangs zum Beispiel! Bücher übers Mittelalter. Ein Aktionsheft von Greenpeace, eine Pferdezeitschrift, ein Wörterbuch Französisch, und das auf ihrem Nachttisch dürfte ein Piercing sein. Weißt du, warum die Familie überhaupt Urlaub in Berg macht?«

»War angeblich die Idee der Tochter«, antwortete Demmel, »die wollte unbedingt dorthin. Sagt jedenfalls die Mutter. Und da ihr Mann einen Flughafen in der Nähe wollte und sie wichtige Leute treffen musste, haben sie ihrem Wunsch nachgegeben.«

»Weißt du denn, was Kimberley hier wollte?«

»Keine Ahnung, vielleicht wollte sie segeln lernen?«

»Zum Segeln fährt man nicht nach Starnberg. In Starnberg ist man Mitglied im Yachtclub, um dazuzugehören, in Dießen will man segeln. Rund um den Ammersee gibt es 13 Segelclubs …

»Wirklich?«, brummte Demmel gleichgültig. »Vielleicht wollte sie sich ins Nachtleben stürzen. Die Discos am Starnberger See sind berühmt!«

»Ja«, stimmte ihm Remigius zu, »die Feste des Münchner Hofs am Starnberger See waren größer und luxuriöser als die am Ammersee. Und das schon seit dem 17. Jahrhundert. Frag Sissi oder Richard Wagner!«

»Höre ich da einen neidischen Unterton?«

»Nein, wieso? Nach Starnberg kommen zehntausende Touristen, an den Ammersee kommen im Herbst zehntausend Wasservögel. Das ist der Unterschied.«

»Also sag mir, was sie in den vier Tagen gemacht hat, bevor sie verschwunden ist!«, nahm Demmel den Faden wieder auf.

»Was weißt du bis jetzt?«

»Sie ist ein paar Mal nach München gefahren. Hat jedenfalls die Mutter erzählt. Sie ist immer mit dem Fahrrad zur S-Bahn gefahren.«

»Ein Mädchen, das unbedingt zum Starnberger See will, fährt jeden Tag nach München? Das glaubst du doch selbst nicht! Guck dir mal das an!«

Demmel nahm eine Fahrkarte, die Marx ihm zeigte.

»Sie ist mit dem Bus nach Herrsching gefahren!«

Demmel wurde stutzig.

»Was hat sie denn da gewollt?«

Remigius ging ins Bad und Demmel folgte ihm.

»Was sagt dir der Bikini über der Heizung?« Remigius zeigte auf mehrere winzige Stoffdreiecke, die mit dünnen Bändern zusammengehalten wurden.

»Sie muss eine tolle Figur gehabt haben.«

»Ein bisschen mehr Ernst, Herr Kollege! Sie hat den Bikini aufgehängt, weil er beim Baden nass geworden ist. Sie war am See und hat auf einer Wiese gelegen. Schau dir dieses Badehandtuch an. Es ist voller Flecken von frischer Erde.«

»Wieso sollte sie zum Baden an den Ammersee fahren? Schließlich liegt Starnberg auch an einem See.«

»Starnberg liegt, wenn wir ganz genau sind, nicht an einem See, sondern an einem Bahndamm.«

»Könntest du weitermachen?« Kollege Demmel kannte die sanften Seitenhiebe auf Starnberg ja schon.

»In Starnberg gibt es am See die längste Privatstraße, in Herrsching gibt es die längste Seepromenade!«

»Remigius, bitte!«

»Ich versuche nur, zu helfen«, antwortete der Kollege spitz.

»Kimberley war also deiner Meinung nach jeden Tag bis zu ihrem Verschwinden in Herrsching?«, versuchte der Kommissar den Faden wieder aufzunehmen.

»Nein, mein Lieber«, antwortete Marx mit einem Seufzer. »Ich muss dich wieder enttäuschen. Sie war auch nicht in Herrsching!«

»Remigius, kannst du das so erklären, dass ich mitkomme?«

»Gerne«, Remigius lächelte. »Wenn du dir die Fahrkarten ansiehst, stellst du fest, dass sie jeden Tag mit demselben Bus zurückgekommen ist. Das würde man nicht tun, wenn man nur zum Baden geht. Da geht man mal früher und mal später. Nein, das, was sie dort zu tun hatte, war zu einer ganz bestimmten Zeit zu Ende.«

»Und was könnte das gewesen sein?« Demmel dachte nach. »Du meinst, sie hat möglicherweise ein weiteres Verkehrsmittel benutzt, einen Zug oder ...

»... oder das Schiff über den See«, ergänzte

Remigius. »Das würde erklären, warum ihre Ankunfts- und Abfahrtszeiten jeden Tag identisch waren.«

»Aber wo ist sie hingefahren?«

»Das weiß ich noch nicht ...«

»Moment mal«, Demmel fiel etwas ein, »in ihrem Gepäck waren eine Menge Naturkundebücher. Im Naturschutzgebiet am Ammersee-Südufer hat man bisher über 120 Brutvogelarten entdeckt.«

»Glaubst du, Kimberley interessiert die größte Population von Schilfrohrsängern in Bayern?«

»Die gibt es hier wirklich?«

»Ja, die gibt es hier wirklich.«

»Könnte doch sein!«

»Nein, könnte nicht sein. Nicht um diese Jahreszeit. Außerdem: Mädchen in dem Alter interessieren sich für Pferde und Jungs und nicht für Naturschutzgebiete. Ich vermute, sie hat sich mit jemandem getroffen.«

»Du meinst, sie wollte unbedingt an den Starnberger See, um sich mit jemandem am Ammersee zu treffen.« Demmel schüttelte den Kopf.

»Genau, und zwar an der Westseite. Vielleicht

kommt derjenige aus Richtung Augsburg, und sie haben sich auf halbem Weg getroffen. Deswegen hat sie jeden Tag das Schiff genommen. Nach Utting zum Beispiel.«

»Das klingt aber sehr konstruiert!«, sagte Demmel grimmig. »Nach Utting hätte sie auch mit dem Bus fahren können!«

»Hätte sie. Aber Busse sind uncool. Und wahrscheinlich wollte sie nicht, dass ihre Eltern wissen, wo sie ist. Die sollten denken, sie ist in München.« Remigius war sich ganz sicher.

»Warum hat sie ihre Eltern nicht gleich überredet, an den Ammersee zu fahren?«

»Weil sie weiß, dass ihre Eltern da nicht hingefahren wären. Es gibt kein einziges Luxushotel am Ammersee, und wenn man Herrn Ballack oder Herrn Maffay begegnen will, dann muss man in Starnberg essen gehen und nicht in Utting.«

»Woher weißt du, dass ihre Eltern Herrn Ballack treffen wollten?«

»Du hast gesagt, dass Frau Bauer sich gerne mit der Prominenz umgibt. In Starnberg wohnen nun mal die mit den goldenen Wasserhähnen.«

»Auch am Ammersee wohnen viele Promis und Künstler«, warf Demmel ein.

»Natürlich«, gab Remigius zu. »Bertold Brecht hat hier Teile der Dreigroschenoper geschrieben, aber ob das Familie Bauer beeindrucken würde, erscheint mir eher zweifelhaft. Brecht halten die Eltern Bauer für einen Hersteller von Gewürzen.

Am Starnberger See kannst du Loriot treffen, am Ammersee vor allem Eisvögel und Pirole, spezielle Schnecken, die seltene kleine Zangenlibelle, eine weltweit einzige Renkenart, den Mittelspecht und den äußerst seltenen Schienenkäfer.«

»Kann es sein, dass du doch irgendwie ein Problem hast …? Die meisten Touristen fahren aber lieber nach Starnberg!«, stichelte Demmel.

»Irrtum!«, widersprach Marx. »Nach Andechs kommen im Jahr dreimal so viele Touristen. Und das Kloster Andechs liegt nun mal am Ammersee.«

Demmel seufzte. »O. k., ich gebe auf!«

Auch Remigius holte tief Luft. »Ich wollte dir nur beweisen, dass die Leute, die nach Starnberg wollen, ein bisschen anders sind als die, die an den

Ammersee wollen. Und Kimberley ist mehr der Ammersee-Typ. Schau dir Ihre Sachen an. Keine einzige teure Marke dabei. Damit bist du auf der Seepromenade in Starnberg absolut underdressed.«

»Jetzt sagst du mir einfach, wen sie getroffen hat!«

»Wen trifft ein sechszehnjähriges Mädchen? Einen Mann natürlich. Aber den kannte sie schon vorher.«

»Es muss jemand sein, den sie den Eltern nicht zeigen darf, richtig?«

»Richtig! Möglicherweise ist er nicht standesgemäß oder zu alt oder zu hässlich ...«

»Jetzt weiß ich, was du sagen willst ...« Demmel hatte eine Idee.

»Der Unbekannte ist ein Schüler am Internatsgymnasium in Schondorf. Das liegt am Westufer und dort bekommen seit über 100 Jahren Schüler aus ganz Deutschland ...«

»Nein«, entgegnete Remigius. »Für eine fast Siebzehnjährige ist ein Gymnasiast eher uninteressant.«

»Und das Naturschutz- und Jugendzentrum in

Wartaweil, die einzige vollkommen barrierefreie Bildungsstätte in Deutschland …« Demmel verstummte. Die Wahrscheinlichkeit, dass Kimberleys Freund behindert war, war verhältnismäßig gering.

»Aber wie wäre es mit der Fachhochschule für öffentliche Verwaltung. 400 Studierende.«

»Jemand, der ein Piercing trägt und sich für Greenpeace engagiert, ist nicht mit einem angehenden Beamten befreundet. Außerdem liegt die Fachhochschule in Herrsching, sie hätte kein Schiff nehmen müssen.«

»Ah, mir fällt noch was ein. Das Bildungszentrum der bayerischen Verwaltungsschule in Holzhausen.«

»Nein!«

»Immerhin für Beschäftigte des mittleren und gehobenen Dienstes, da werden jährlich 3.000 Verwaltungsangestellte …«

»Nein!«, sagte Remigius noch etwas kräftiger.

»Vorurteile hast du gar keine!«

Remigius achtete nicht auf die Bemerkung und machte weiter.

»Was wissen wir noch über Kimberley!«

Demmel dachte nach.

»Sie interessiert sich für Pferde, lernt Französisch, liest gerne historische Romane …«

»Das passt alles zusammen!«

»Was passt zusammen?«

Remigius schaute auf die Datumsanzeige seiner Armbanduhr.

»Heute ist sein zweiter Arbeitstag in dieser Woche!«

»Wessen zweiter Arbeitstag?«

»Na, der zweite Arbeitstag des Mannes, mit dem sie sich trifft.«

»Du kennst ihn?« Demmel machte große Augen.

»Nicht persönlich. Aber denk doch mal nach. Am Freitag haben die Kaltenberger Ritterspiele angefangen, das größte Ritterturnier der Neuzeit.«

»Du meinst …«

»Ja, ich glaube, Kimberley hat sich mit einem der Ritter getroffen. Vielleicht hat sie den im Urlaub in Frankreich kennengelernt. Letzte Woche hatte er keine Vorstellung, und die beiden konnten sich in Utting treffen. Er ist ihr von Geltendorf entgegengekommen. Aber seit Freitag kämpft er jeden Tag gegen das Böse. Die Gruppe heißt Cavalcade und kommt aus Frankreich.«

»Und Kimberley konnte sich am vierten Tag nicht von ihm trennen«, sagte Demmel voller Spannung. »So könnte es gewesen sein. Nehmen wir einmal an, du hättest recht und sie wäre wirklich bei einem dieser Kunstreiter. Ich meine, dann muss ihr völlig egal gewesen sein, dass ihre Eltern wahrscheinlich die Polizei alarmieren würden.«

»Vielleicht war es gar nicht geplant, dass sie bei ihm bleibt!«

»Ja, aber man verschwindet doch nicht einfach so. Verstehst du das?«

»Ja«, sagte Remigius langsam. »Ich verstehe das. Sehr gut sogar!«

»Du willst mir gerade sagen, dass das normal ist?«

»Nein«, Remigius lächelte. »Ich will sagen, dass sie gar nichts dafür kann. Drei Tage am Ufer des Ammersees bei strahlendem Sonnenschein mit einem Mann, in den man verliebt ist. Das ist die Erklärung.«

»Nicht der Mann ist schuld, sondern der See?«

»Genau das wollte ich sagen«, sagte Remigius ganz ruhig. »Der See hat Kimberley einfach verzaubert.«

Eine halbe Stunde später fuhr ein Streifenwagen auf Gut Kaltenberg vor, fand Kimberley nach kurzer Suche und brachte die Ausreißerin zurück nach Berg.

Eine weitere Stunde später war die Familie Bauer wieder vereint. Wobei Herr und Frau Bauer zwar einigermaßen glücklich darüber zu sein schienen, dass ihre Tochter wieder da war, aber von dem Gedanken, dass jetzt ein durchtrainierter, langhaariger männlicher Reiter zur Familie gehören sollte, waren sie alles andere als begeistert. Zumal der Schwiegersohn in spe wohl ausschließlich Französisch spricht.

»Ich habe selten so gut gegessen!«, sagte Demmel und wischte sich den Mund ab. »Diese Renke war einfach köstlich!«

»Frisch aus dem Ammersee!«, nickte Marx.

»Eine gute Idee, hier essen zu gehen. Aber natürlich hätte ich dich auch in Starnberg eingeladen …«

»… und für das doppelte Geld nicht halb so gut gegessen«, ergänzte Marx.

»Du hast vollkommen recht.« Demmel nahm sein Glas Wein in die Hand. »Remigius, das machen wir jetzt öfter. Immer wenn ich mir was wirklich Gutes tun will, dann lade ich dich hier zum Essen ein!«

»Siehst du«, sagte Marx lächelnd, »der Zauber des Sees wirkt schon!«

Harry Luck

Baywatch am Ammersee

Das Sonnenlicht spiegelt sich auf der Wasseroberfläche. Ein paar Segelboote sind auf dem Ammersee unterwegs. Nur noch wenige Badegäste tummeln sich im Wasser. Ich lasse meinen Blick den Strand entlangschweifen.

Der See ist mein Arbeitsplatz. Es ist mein Traumjob! Wir, die rettenden Engel von der Wasserwacht, sind den ganzen Sommer Tag für Tag zur Stelle, um Badegäste vor dem Ertrinken zu retten. In der Amtssprache heißt das, wir sind zuständig für die ›Verhinderung des Ertrinkungstodes‹ sowie die Durchführung der damit verbundenen vorbeugenden Maßnahmen. Dafür stehen uns zwei Rettungsboote zur Verfügung. Stationiert sind wir direkt hinter dem Segelclub. Seit ewigen Zeiten retten wir Menschenleben, und darauf sind wir schon sehr stolz. Wenn es mal brenzlig wird, greift ein Rädchen in das andere. Es ist jedes Mal aufs Neue eine faszinierende Maschinerie, die mit jedem Notruf in Gang gesetzt wird.

Doch tödliche Bade- und Tauchunfälle ereignen sich selten. Vor einigen Jahren kamen bei der Vierundzwanzig-Stunden-Regatta in einer Nacht drei Menschen ums Leben. Unvergessen ist auch die Selbstmörderin, die sich ein schweres Kreuz um den Hals hing und durch den halben See trieb, bis sie irgendwo im Gestrüpp hängen blieb. Und erst vor wenigen Wochen machten zwei Kite-Surfer im Schilfbereich der Herrschinger Bucht am Ostufer einen grausigen Fund. Sie entdeckten eine fast vollständig skelettierte Leiche.

Wie viele Wasserleichen unentdeckt auf dem Seegrund liegen, weiß aber keiner. Niemand kennt ihre Namen, niemand kennt ihre Zahl. Für die meisten, die nach einem Tauchgang nicht mehr heimkehren und von den Angehörigen als vermisst gemeldet werden, wird der See zum ewigen Grab. Trotzdem versuchen wir von der Wasserwacht immer wieder, das Unmögliche möglich zu machen. Geht eine Vermisstenmeldung über die Rettungsleitstelle Fürstenfeldbruck ein, dann ist in kürzester Zeit die ganze Mannschaft im Einsatz. Helikopter, Rettungstaucher, die knallgelben Boote. Es ist ein Spektakel, das mir auch nach über zwanzig Dienstjahren bei der Wasserwacht unvergleichbare Adrenalinstöße versetzt. Ich kann es nicht leugnen: Ich bin süchtig danach. Wenn die Polizeiwagen mit flackernden Blaulichtern am Ufer stehen, wenn die Hubschrauber tief über der Wasseroberfläche fliegen und kreisförmige Wellen verursachen, wenn es am nächsten Tag in der Zeitung heißt: Die Rettungsdienste waren mit über hundert Einsatzkräften vor Ort. Und dann folgt meist der Zusatz: ›Die Suche nach der vermissten Person musste schließlich ergebnislos abgebrochen werden.‹ Ergebnislos ist aber nicht das richtige Wort. Auch das Verschwinden, der Tod, ist ein Ergebnis. Ich betrachte dies nie als Niederlage, denn es ist immer ein ungleicher Kampf. Der See ist ein unbezwingbarer Gegner, vor dem man Respekt haben muss. Ein Toter in achtzig Metern Tiefe ist eine unlösbare Aufgabe für die Rettungskräfte.

›Mission impossible‹ sozusagen. Nur wenn der Tote irgendwo im Gestrüpp hängen bleibt und nicht auf den Grund absinken kann, gibt es einen Glückstreffer.

Während ich dasitze, läuft im Radio wie immer *TOP FM* auf der Frequenz 106.4. Für mich heißt der Sender immer noch *Radio FFB*, auch wenn er sich in den vergangenen Jahrzehnten immer wieder umbenannt hat. Die Sprecherin der Regionalnachrichten, in deren Stimme ich mich schon vor Jahren verliebt habe, hat offenbar nichts Aufregenderes zu vermelden als ein verschwundenes Verkehrsschild auf der Baustelle am Gasthof *Zur Post*. Ist denn immer noch Sommerloch? Aber die Meldung ist schlampig recherchiert, denn sonst hätte es auch geheißen, dass von der Baustelle auch der zu dem Schild zugehörige Betonsockel abhanden gekommen ist. Aber gut, das sind Details, die den Hörer des Dudelfunks vielleicht nicht so interessieren. Mich aber schon.

Aber ich schweife ab. Was ich eigentlich erzählen will, ist die Geschichte über den Spaziergänger. Es war alles so einfach. Es war gestern Abend, als die Dämmerung bereits hereinbrach und an der Promenade wieder nichts los war. Die Touristen werden immer weniger um diese Jahreszeit. Die Cafés hatten schon geschlossen. Warum der Mann, er war etwa Mitte vierzig, um diese Zeit allein am Seeufer spazieren ging und gelegentlich einen Stein ins Wasser warf? Ich weiß es nicht. Vielleicht war er auf dem Weg zu seiner Geliebten. Nein, dann hätte er glücklicher ausgesehen. Vielleicht hatte er sich mit seiner Ehefrau gestritten und brauchte einfach nur frische Luft. Seeluft. Oder war er ein einsamer Junggeselle, der voller Selbstmitleid darüber grübelte, warum er keine Frau abbekam? Der arme Mann im unauffälligen braunen Anzug hatte jedenfalls Pech. Er war zur falschen Zeit am falschen Ort.

Ich lauerte ihm auf, er konnte mich in der Böschung nicht sehen. Dann ging alles sehr schnell. Sicherlich war ihm nicht bewusst, dass der dumpfe Schlag auf den Hinterkopf, der ihm den Schädel zertrümmerte, von der Stange eines Halteverbotsschildes herrührte. Ich glaube, es war ein eingeschränktes Halteverbot, muss ich der Korrektheit halber hinzufügen. Ich vermute, der Mann war sofort tot. Jedenfalls wehrte er sich nicht, als ich ihm das Seil um die Beine wickelte und mit einem fachmännischen Seemannsknoten festband. Am anderen Ende befestigte ich den Zementsockel des Verkehrsschildes, der wie ein Anker wirken sollte. Mit dem Boot war ich einige Zeit später an der Stelle des Sees, wo er fast achtzig Meter tief ist, genau zwischen Herrsching und Dießen. Nachdem ich den Toten mit dem Betonklotz an seinen Füßen über Bord geworfen hatte, verursachte dies auf der Wasseroberfläche ein klatschendes Geräusch. Zurück blieben zuerst schäumende Wellen, dann noch ein paar Luftblasen. Wenig später, noch bevor der Tote auf dem Grund angekommen war, war dem Wasser nichts mehr anzusehen. Als wäre da nie etwas hineingefallen.

Ich fuhr mit dem Boot ans Ufer zurück. Dann brauchte ich etwas Geduld. Denn ich wusste: Wenn ein erwachsener Mensch verschwindet, dauert es eine Weile, bis sich die Polizei zu Maßnahmen veranlasst sieht. Während die Ehefrau oder die Geliebte oder wer auch immer vermutlich von Stunde zu Stunde unruhiger wurde, konnte ich in aller Ruhe meinen Dienstbeginn am nächsten Morgen abwarten. Den Abend verbrachte ich daheim in Schondorf mit Fernsehen. Sie werden lachen, aber ich schaue mir immer noch gerne die Wiederholungen von *Baywatch* an. Dabei interessieren mich weniger die mit Silikon aufgepusteten Badenixen als das Gefühl, bei ihren Rettungseinsätzen hautnah dabei zu sein.

Und da sitze ich jetzt wieder in der Wachstation der Wasserwacht. Vor mir eine heiße Tasse Kaffee und das Transistorradio. *TOP FM* bringt die Vermisstenmeldungen immer als Erstes. Nun ist es nur noch eine Frage von Minuten oder Stunden, bis von der Polizei zuerst die Vermisstenmeldung kommt und dann der Einsatzbefehl für die Suchaktion.

Die Blaulichter der Einsatzfahrzeuge werden am Ufer flackern. Boote werden Rettungstaucher auf den See bringen. Die Rotoren der Hubschrauber lassen mein Herz höher schlagen Und ich bin wieder hautnah dabei. Ich gehöre dazu. Ich spüre schon jetzt das Adrenalin. Ja, ich kann es nicht anders sagen: Ich bin süchtig danach.

Und morgen wird es dann wieder in der Zeitung stehen:

Die Suche wurde ergebnislos abgebrochen.

Jörg Maurer

Die Leitlinie

Mein erster Blick war auf den spärlich bewachsenen Straßenrand gefallen. Dort hatten sich, ein paar Meter vor mir, zwei Schnecken in ihrer Weise gepaart, aufrecht stehend und sich Liebespfeile zuschießend. Dann fiel mir erst auf, dass ich das Schneckenpärchen in Augenhöhe sah. Ich selbst musste mitten auf der Straße liegen, und da hörte ich auch schon den Verkehr an mir vorbeibrausen. Unwillkürlich versuchte ich, die Arme hochzureißen und mich wegzurollen, aber mein Körper gehorchte mir nicht. Ich war klar bei Verstand, das Ganze war kein Traum, ich musste einen Unfall gehabt haben und zumindest verletzt, wenn nicht tot auf der Staatsstraße 2068 zwischen Herrsching und Fischen am Ammersee liegen, denn im Hintergrund sah ich vor glitzerndem Wasser den Kiosk und die

Biertische des *Frosch-Gartl* stehen und ich war diese Strecke schon oft gefahren.

Ich begriff meine Lage erst, als hunderte von Autos an mir vorbei – und vor allem über mich hinweg – gefahren waren. Erst nach einigen Stunden war ich mir sicher, dass ich keinen Autounfall gehabt hatte. Ich lag nicht auf dem Asphalt, schon gar nicht tot, ich war vielmehr Teil des Asphalts, ich war auf den Asphalt aufgemalt. Ich war zu einem weißen, gestrichelten Mittelstreifen geworden.

Ich hatte mir das natürlich auch anders vorgestellt mit dem Leben nach dem Tod. Dass man sich immer höher entwickelt, von Stufe zu Stufe edler und reiner wird, so oder so ähnlich war mir das mit der Seelenwanderung jedenfalls erklärt worden. Dass aus mir eine weiße Mittellinie werden könnte, das hätte ich zu Lebzeiten auch nicht geglaubt.

Und jetzt bin ich seit ein paar Wochen eine streckenweise durchgezogene Leitlinie auf der neu ausgebauten Staatsstraße zwischen Wartaweil und Aidenried, die, wenn man von Herrsching aus – an Mühlfeld und Wartaweil vorbei – Richtung Weilheim fährt, am Seeufer entlangführt. Wer sich am Ammersee auskennt, kennt diese kurvenreiche Straße, er ist da bestimmt schon öfter durchgebrettert und vielleicht noch öfter drauf gestanden, besonders an sonnigen Tagen, an der Ausfahrt zum Parkplatz gegenüber dem *Andechser Strandbad* und dem *Frosch-Gartl.*

Glaubt man an so etwas wie Reinkarnation, dann stellt man sich zeitlebens eine großartige Einführung, vielleicht sogar einen bombastischen Initiationsritus vor. Nichts von alledem geschieht, liebe Buddhisten, Hinduisten und Schopenhauerianer. Nach meinem jähen Tod im vorigen menschlichen Leben bin ich quasi auf einen Schlag in Form eines neuen, damals noch blendend weißen Straßenanstrichs wiedergeboren worden. Die Farbe war wohl schon gemischt worden, als ich noch in meinem kleinen, muffigen Amtszimmer im Staatlichen Bauamt Weilheim saß und Anträge auf Bauvorhaben ablehnte oder befürwortete. Wenn man selbst noch gar nicht weiß, dass man bald stirbt, wird schon das neue Leben vorbereitet, in meinem Fall in Form einer Standard-Farbmischung *2K.-High-solid-Polarweiß*.

Es würde den Rahmen dieser Erzählung sprengen, wenn ich auch nur ein paar Anekdoten aus meinem Dasein als Mittelstreifen erzählen würde. Eines aber will ich doch sagen: Wenn ich müde bin, nach anstrengenden Wochenenden etwa, habe ich das Bedürfnis, mich ein wenig zu recken. Theoretisch wäre das möglich, ich könnte aus meiner Krümmung eine Gerade machen, dadurch einen Irrweg vorzeichnen und zum Beispiel direkt nach dem *Frosch-Gartl* ein paar Autofahrer geradewegs ins überaus ungemütliche Nass des Ammersees eintauchen lassen. Ich habe es aber nie gemacht. Ich war ja Angestellter im Straßenbauamt, ich hatte einiges zu entscheiden, nichts ganz Großes, aber eben immerhin doch so viel, dass ich Gelder und Geschenke annehmen konnte von Baufirmen. Mit der Gruber Hoch- und Tiefbau bin ich besonders ins Gespräch gekommen, sogar mit dem Chef höchstpersönlich, Herrn Harry Gruber. Wenn Sie das Bestechung oder Betrug nennen wollen – bitte! (Ich bin darüber hinaus, mir Gedanken über Moral und Ethik in der öffentlichen Vergabepraxis von Bauaufträgen zu machen, das können Sie mir glauben.) Ich habe jedenfalls ein paar Jahre mit Herrn Gruber zusammengearbeitet, es hat sich auf meinem Schweizer Konto einiges an Geld angesammelt und ich habe in einem mittelamerikanischen Land, dessen Name hier nichts zur Sache tut, ein Grundstück und eine Villa und alles, was dazu gehört, erworben. Ich hatte die Koffer schon gepackt, die Brücken schon abgebrochen, in zwei Wochen wäre ich verschwunden gewesen – und da sterbe ich an einem Herzinfarkt. Einfach so! »Recht geschieht's ihm!«, höre ich Sie denken. Mir wurde also reichlich schwummrig an meinem Schreibtisch im Dienstzimmer des Straßenbauamtes, ich sank auf die Tischplatte, dann war's auch schon aus mit mir. Die Ohrfeigen von meiner Sekretärin (Frau Spärlich hielt das für eine gute Wiederbelebungsmaßnahme) und die Fahrt in die Klinik bekam ich nur sehr verschwommen mit. Dann bin ich als der gestrichelte Mittelstreifen aufgewacht, der ich jetzt bin. Und ich habe seitdem genug Zeit gehabt, darüber nachzudenken, ob es denn reiner Zufall ist, in was man sich als Nächstes verwandelt. Es ist kein Zufall, wie man am Schluss sehen wird.

Ich bin übrigens auch in meiner jetzigen, sozusagen dinglichen Existenz gut informiert über den Lauf der Welt. Ich habe genug Zeit, weggeworfene Zeitungen zu studieren und Radionachrichten im Stau zu hören. Und so habe ich irgendwann ganz nebenbei erfahren, dass Gruber Hoch- und Tiefbau einen Riesenreibach gemacht hat, und zwar ausgerechnet mit den Aufträgen, die ich der Firma damals als Sachbearbeiter zugeschanzt habe. Und da bin ich sauer geworden. Der Harry Gruber verdient sich dumm und dämlich – und mein schönes Haus in Mittelamerika steht leer. Das ist nicht gerecht, dachte ich. Ich wusste, dass Harry Gruber jedes Wochenende hier auf dieser Strecke ins Blaue fährt. Jetzt soll er mal direkt ins Blaue fahren, im ganz wörtlichen Sinn, ins glitzernde Blau des Ammersees! Ganz früh fährt der los, das wusste ich. Da ist wenig Verkehr, und da mach ich das, dachte ich mir.

Und heute kam er angetuckert, ganz alleine saß er im Auto, und das fand ich auch besser so. Große moralische Bedenken haben wir immobilen Dinge gegenüber den beweglichen Wesen zwar nicht, aber ich wollte mich ja allein an Harry Gruber rächen. Als er näher kommt, sehe ich, dass er doch nicht allein ist, da sitzt er doch eng umschlungen mit einer Frau – mit seiner Sekretärin? – nein, es ist nicht einmal seine Sekretärin, es ist meine Sekretärin, ehemalige treue Seele, Frau Spärlich! Und jetzt reicht's mir endgültig. Ich strecke mich aus, die beiden Turteltäubchen sind ohnehin nicht konzentriert, ich mache mich richtig lang in Richtung Seeufer. Dadurch führt der Weg jetzt nicht mehr nach links, durch die Kurve, sondern geradeaus mitten ins kühle Nass, das auch ein bisschen tiefer als die Straße liegt und darüber hinaus durch keine Leitplanke geschützt ist. Eine gewisse Fallhöhe, das Wasser ganz nah – ungedämpfter Aufprall – ich hatte das Gefühl, es müsste klappen.

Doch was höre ich da? Reifenquietschen, Schleudergeräusche, eine Vollbremsung auf dem morgendlichen Asphalt, Autotüren und gleich darauf die altbekannte, befehlsgewohnte Stimme von Harry Gruber. Er schreit ins Handy, schnauzt irgendeinen Bauleiter an. Was er sich denn dabei gedacht hätte! Da führt ja eine Markierung weiß-Gott-wohin! Jaha, er weiß, wie spät es ist, aber das würfe so ein schlechtes Licht auf Gruber Hoch- und Tiefbau, da müsse gleich was getan werden. Und was da alles passieren hätte können! Er solle bei der Straßenmeisterei die Strecke sperren lassen und einen Bautrupp organisieren, der müsse gleich kommen, die alte Markierung wegschleifen und alles noch einmal neu auftragen. Ich erschrak: Die alte Markierung wegschleifen! – Damit war ich gemeint.

Während ich zu Frau Spärlich blickte, die diesmal überhaupt keine Anstalten machte, mich zu retten, begriff ich den Zusammenhang: Was man zuletzt sieht, das wird man. So einfach ist das.

In meinem vergangenen Leben waren meine letzten Blicke noch auf eine Genehmigung für Straßenmarkierungen gefallen … Aber das spielt jetzt keine Rolle mehr, denn in diesem Leben bleibt mir wohl nicht mehr viel Zeit, der Bautrupp hat schon ein paar Sandstrahler ausgepackt und während Harry Gruber die Arbeiter herumdirigiert (und Frau Spärlich nichts tut), fällt mein Blick wieder auf das Schneckenpärchen auf dem Grünstreifen, das immer noch bei seinem skurrilen Liebesspiel ist. Fasziniert betrachte ich sie, aus irgendeinem Grund kann ich den Blick nicht von ihnen lösen. Und ich weiß jetzt, was mir als Nächstes blüht.

Nicola Förg

Kahnpartie

Träge blinzelte Gerhard in die Sonne. Trank einen tiefen Schluck Weißbier. Sein Gegenüber hatte einen Russen oder Radler abgelehnt, süffelte in kleinen Schlucken nur stilles Mineralwasser. Gerhard hatte Nadja beim kleinen Griechen *Toni* in Peißenberg kennengelernt – Geplänkel, Geflirte, jedenfalls hatte er mit Nadja wohl eine Radtour von Peißenberg über Paterzell und Stillern zum Ammersee vereinbart. Er erinnerte sich nur vage an den Ouzo-seligen Abend, sie wohl sehr genau. Sie trank ja auch nichts außer klarem Wasser. Eigentlich mochte Gerhard diese genussfeindlichen Abstinenzlerinnen nicht, die auch nur an einem Salatblatt nagten. Er hatte Blut- und Leberwurst geordert, es war schließlich Kirchweih-Sonntag. Immerhin hatte sie bewundernde Blicke geerntet in ihrem orangefarbenen Radl-Einteiler, als sie die Terrasse des *Café Aidenried* betreten hatten. Sie hatte eine Bombenfigur – keine Frage, sie war topfit, aber eigentlich hatte Gerhard gar keine Lust festzustellen, was unter dem Radldress zum Vorschein kam. Auch das Gespräch lief schleppend, er beobachtete deshalb lieber einen kleinen Jungen von etwa sechs Jahren am Wasser, der versuchte, Steine auf der Wasseroberfläche aufhüpfen zu lassen. Kleine Wellen liefen auf dem Kies auf, ein Boot schwappte auf den Strand. Ein leeres Boot. Gerhard registrierte das eher am Rande, genauso wie er nur im Augenwinkel sah, dass der Junge etwas aus dem Boot zog, das in der Sonne aufblitzte.

»Papa, Papa«, er fuchtelte mit dem Etwas und sauste die Terrasse hinauf. »Schau mal, Papa!«

Alle Blicke waren auf den Zwerg gerichtet, dann gab es einen spitzen Schrei. Das war die Frau Mama des Zwergerls gewesen. Irgendwie brach ein Tumult am Nebentisch los, jemand brüllte »Polizei!«

Langsam erhob sich Gerhard und schob einige Schaulustige zur Seite. Er zückte seine Dienstmarke. Scheiße, er hatte frei, seit Wochen endlich hatte er mal frei. »Weinzirl, Kripo Weilheim, was ist hier los?«

»Da!« Die Stimme von Mutti überschlug sich.

Sie zeigte auf ein Messer, eines dieser skandinavischen Bären- und Elchtöter-Messer, ein ganz schönes Trumm – und es war mit Blut befleckt. Auch das noch!

Nachdem Gerhard die Terrasse mithilfe des umsichtigen Café-Betreibers hatte räumen lassen, konnte er mit dem kleinen Blondschopf reden, der sichtlich überrascht war über die ganze Aufregung.

»Was hamm die alle?«

Der Kleine konnte nur sagen, dass das Boot ›auf einmal da war‹ und er ›mal reingeschaut hatte‹. Und das Messer gefunden, was für einen kleinen Krieger im Indianer- und Ritteralter natürlich höchst anziehend gewesen sein musste.

»Was hamm die alle?«, fragte er nochmals.

Lasst uns sein wie die Kinder, dachte Gerhard leicht amüsiert. Tja, was hatten die? Panik hatten die und Sensationslust stand in ihren Augen. Ein Schiff wird kommen, es treibt führerlos heran, nur ein blutiges Messer an Bord, was für ein Gruselsonntagmittag hier im Idyll. Gerhard hatte absperren lassen, die Spusi war gerade eingetroffen, er hatte den Pressesprecher informiert. Es würde bald losgehen, die Terrasse war zum Bersten voll gewesen. Die Buschtrommeln am Lande waren lauter, die Distanzen kurz und die eigenen Leben so öde, dass man sich mit wohligem Schauer auf so eine Geschichte stürzte. Irgendwann mitten in der ganzen Hektik hatte Nadja sich zu ihm durchgeschlagen und mit einer unangenehmen Keifstimme, die ihm bisher noch gar nicht aufgefallen war, gefragt, wie er sich das jetzt vorstelle.

»Ich hab zu tun und du radelst heim«, hatte er gesagt und im gleichen Moment gewusst, dass nun auch Nadja ihrerseits die Füllung des Trikots nicht mehr herzeigen wollen würde. Auch gut, sogar besser!

Er überließ der Spusi ihr Geschäft, das Boot war namenlos, ein einfacher Kahn. Sie würden jetzt mal die Vermisstenlisten durchgehen und warten. Ein Warten, das vom Anruf des *Tagblatt*-Sonntagsdienstes unterbrochen wurde. Er kannte die Dame, die sonst den Blumen in Weilheims Oberer Stadt ihre Aufmerksamkeit widmete und den Expeditionen eines lokalen Orthopäden. Er bat sie, ein Foto des Messers zu veröffentlichen. Es war ja wirklich markant! Ihm blieb zu warten, heute war nun mal der heilige Sonntag, vor morgen war da wenig zu erfahren. Ein Anruf einer Dame der ›Elterninitiative Ammersee Süd e. V.‹ wurde zu ihm durchgestellt. Ob man denn nun um Leib und Leben fürchten müsse? Und wie es denn anginge, dass ausgerechnet ein Kind so einen grausamen Fund hätte machen müssen, fragte die Dame mit bebender Stimme.

»Es war grad kein Rentner am Strand«, brummte Gerhard, »und kein Hund, der's apportiert hat.« Er hörte ein Japsen und dann einen Klick. Der Beschwerdebrief würde folgen. Gerhard atmete tief durch und verfluchte den Tag. Vor allem, dass

Kollegin Evi heute nicht da war, sie war einfach diplomatischer.

Am nächsten Morgen zierte das Bild der Tatwaffe die Titelseite des *Weilheimer Tagblatts*. ›Blutiges Messer an Bord eines Bootes angetrieben – Wer kennt dieses Messer?‹

Er hoffte, dass er im Laufe des Tages Nachricht erhalten würde über die DNS der Blutspuren am Messer. Männlein oder Weiblein, vielleicht konnte man Vermisstenlisten deutschlandweit damit abgleichen. Die Kollegen Felix Steigenberger und Melanie Kienberger waren am See unterwegs, um den Besitzer des Bootes aufzuspüren, die Wasserwachten am Ammersee hatten aufgrund der Windrichtung und der Strömung die Hypothese aufgestellt, dass es eher aus dem Bereich Dießen stammte. Das Telefon ging in einer Tour. Gegen Mittag wurde Gerhard informiert, dass ein Privatsender vor Ort sei, der Gäste befrage, ob sie sich am ›Mördersee‹ noch sicher fühlen würden. Der Café-Betreiber rief ziemlich entnervt an, dass TV-Fuzzis überall rumwuselten und bis in seine Küche vordrangen.

»Ich schick ihnen meine beiden Mitarbeiter raus. Melanie Kienberger ist sehr gut darin, TV-Leute abzuwimmeln. Sie hat da was von einem Zerberus. Und dem Kollegen Steigenberger muss ich nicht mal einen Maulkorb anlegen, er beantwortet Fragen immer so, dass die Antwort definitiv keinen Zusammenhang zur Frage hat«, bot Gerhard an.

Als das Telefon wieder läutete, war Gerhard wirklich auf Hundertachtzig. »Weinzirl«, brüllte er.

»Bartl.«

»Ja und weiter?«

»Xare.«

»Was Xare?«

»Sie homm doch gfragt, wie ich weiter heiß: Bartl Xare, also Xaver.«

Gerhard tat einen tiefen Atemzug. »Herr Bartl, was kann ich für Sie tun?«

»Es ist meins.«

»Was ist Ihres?«

»Na, das Messer. Heit in der Zeitung.«

Gerhard schoss von seinem Stuhl in die Höhe.

»Das Messer ist Ihres? Das blutige Messer aus dem Boot in Aidenried ist Ihrs? Sind Sie da sicher?«

»Ja, des hot der Schwoager aus Nordnorwegen mitgebracht. Schneid 1 A.«

»Herr Bartl. Was schneidet es denn so?«

»Ach alls, sogar kloane Äst.«

Gerhard linste auf das Display, die Nummer war angezeigt. Er notierte sie, gab Evi den Zettel, machte ihr ein Zeichen. Dann hielt er die Muschel zu. »Findet raus, wo das ist und fahrt sofort da hin. Ich halt den Mann am Telefon.«

Nochmals atmete er tief durch. »Herr Bartl, Sie rufen von wo aus an?«

»Von dahoam.«

»Und das ist wo?«

»Drüben, Riederau, des Boot is nüber trieben.«

»Das Boot gehört Ihnen auch?«, fragte Gerhard, der irgendwie den Eindruck gewann, im falschen Film zu sein.

»Sicher.«

»Herr Bartl. Da können Sie mir sicher sagen, warum ein blutiges Messer an Bord Ihres Bootes liegt? Und Sie wissen auch, wie das Blut dahin kommt, oder?«

»Na und ja.«

»Bitte?«

»I woas ned so genau, wie es da hinkommt, i war ziemlich bsuffen gestern. Aber des mit dem Blut is klar.«

Das musste ein Psychopath sein, ein Irrer, dachte Gerhard. Er hoffte bloß, Evi würde rechtzeitig dort sein. »Geht das etwas verständlicher, Herr Bartl?«

»Sehens, ich nehm mal an, ich hatte das Messer dabei, als wir …«

»Wir?«

»Der Schwoager und i.«

»Aha, als Sie beide …?«

»Na, auf des Boot sind. Mir warn bsuffen und sind ins Wasser ghupft. Wahrscheins hob i des Messer ins Boot glegt. Ich suachs heit ja scho. Is ja gefährlich, wenn so was rumliegt.«

Gerhard glaubte seinen Ohren nicht zu trauen. Er hatte ja schon viele krude Geständnisse gehört, aber der Herr Xare Bartl schoss den Vogel ab. »Und wen haben Sie da vorher mit dem schönen

Messer des Schwagers abgestochen?«, fragte Gerhard und lauschte seinen Worten hinterher.

Die Antwort kam wie aus der Pistole geschossen.

Gerhard sank auf seinen Stuhl. Zeitgleich schepperte ein Fax rein, er las, und dann musste er laut herauslachen. Er gluckste und wandte sich wieder dem guten Xare Bartl zu. Er versprach, ihm das Messer zuzustellen, ermahnte ihn, in Zukunft besser aufzupassen und schlug vor, sich vielleicht beim Café-Betreiber wegen der ganzen Aufregung zu entschuldigen.

Es gab eine kurze Pause, bis Bartl ungläubig sagte: »Ja was? Hamm Sie etwa denkt, i moan …«

»Ja, jeder hat das gedacht«, Gerhard gluckste immer noch wie ein Teenie-Girlie.

»Na, gehen'S!«, rief Bartl, und als er aufgelegt hatte, lachte Gerhard so schallend, dass er sich verschluckte. Als er sich einigermaßen gefasst hatte, rief er Evi an.

»Du kannst wenden. Es sei denn, du könntest dich für Blut- und Leberwurst erwärmen. Die gibt's nämlich seit gestern beim Herrn Bartl.

Kirchweih-Schlachtplatte, sag ich nur. Aber du als Vegetarierin?«

Nochmals las er das Fax, dessen Text kurz war und lapidar:

›Keine Ahnung, ob das Geschlecht Ihres Opfers relevant ist. Es wäre aber weiblich. Ansonsten Herr Weinzirl: Schwein gehabt! Zu 100% Schweineblut. Übrigens: Schweine sind dem Menschen genetisch ja sehr ähnlich. Bloß schlauer.

Mit schweinischen Grüßen!‹

Sabine Thomas
Traumhochzeit

Die sengend heiße Mittagssonne stand steil über dem efeuberankten Kurparkschlösschen, das direkt am Ufer des Ammersees in der Herrschinger Bucht thronte. Schneeweiße Segelboote glitten langsam über das Wasser. Vor dem Schlösschen parkte ein blumengeschmückter cremefarbener Oldtimer.

Hinter den verschnörkelten Gitterfenstern des Kurparkschlösschens spielte sich in diesem Moment im Turmzimmer eine Tragödie ab.

Mein Traummann heiratete. Leider nicht mich. Sondern irgend so eine blöde Schla... – pardon – Schauspielerin, die in einer dieser rührseligen ZDF-Serien mitspielte. Die Szenerie könnte kitschiger nicht sein: ein romantisches

Schlösschen am See, Sommer, Sonne, Liebesglück.

Ich mischte mich unauffällig unter die wartenden Hochzeitsgäste, Fans und Fotografen, die vor dem Kurparkschlösschen ungeduldig auf das frischgebackene Hochzeitspaar warteten. Applaus brandete auf, als sich die schwere Eichentür endlich öffnete und das strahlende Brautpaar in Begleitung der Trauzeugen und des Bürgermeisters auf die Veranda trat und in die jubelnde Menge winkte.

Die Braut in einem weißen Designer-Hochzeitskleid mit langem Schleier, wie eine Prinzessin. Ein wahres Blitzlichtgewitter brach über das frisch vermählte Paar herein, als die beiden sich auf der Balustrade küssten.

Mir wurde schwummrig. Es war unerträglich heiß in meinem schwarzen Kostüm, das ich normalerweise nur bei Bewerbungsgesprächen und Beerdigungen trug. Und vielleicht hätte ich nicht vorher am Bahnhofskiosk zur Stärkung einen Schnaps trinken sollen. Wo ich doch normalerweise nie

Alkohol trinke, außer zum Geburtstag und an Silvester.

»Alle unverheirateten Frauen nach vorn!«, rief die Braut fröhlich, und wieder spürte ich diesen Stich im Herz.

Wie in Trance schob ich mich nach vorne und reihte mich ein in die zwanzig, dreißig Sex-and-the-City-Singles, die wild entschlossen waren, den Brautstrauß zu fangen. Die Braut winkte kokett mit dem wunderschönen Blumenstrauß, strahlte, die Kameras klickten, sie wusste genau, wie man posieren musste, sie hatte es bestimmt vor dem Spiegel und mit einem Coach geübt. In ihrem letzten Film war sie auch eine Braut.

Sie suchte den Blick einer Blondine in der ersten Reihe und blinzelte ihr zu, wahrscheinlich war es ihre Schwester oder beste Freundin. Dann drehte sie sich um und warf den Strauß über ihre Schulter, genau in die Richtung, die sie vorher angepeilt hatte.

Der Brautstrauß flog wie in dem Kultfilm *Muriels Hochzeit* in Zeitlupe auf uns zu, unzählige Hände reckten sich geradezu verzweifelt in die Luft, die Frau in der ersten Reihe bekam ihn beinahe zu fassen, er prallte an ihren langen Fingernägeln ab und flog mir dahinter direkt in die Arme. Applaus brandete auf. Diesmal galt das Blitzlichtgewitter mir. Die Frau in der ersten Reihe wirbelte herum und starrte mich böse an.

Das Lächeln der Braut erstarb für einen kurzen Moment, auch sie war sauer, ich hatte ihr das Drehbuch verhagelt. Aber kein Regisseur rief: »Schnitt! – Alles noch mal auf Anfang!« Wir sind hier schließlich nicht beim ZDF, sondern in Herrsching.

Nach ein paar Sekundenbruchteilen hatte die Braut sich wieder gefangen, zuckte bedauernd mit den Schultern in Richtung ihrer wütenden Freundin. In diesem Moment schob ein Fotograf das Brautpaar für ein Foto in Position. Eine Journalistin trat auf mich zu und fragte mich mit gezücktem Notizblock, wer ich sei.

»Eine gute Bekannte des Bräutigams«, deutete ich geheimnisvoll an und zog mich unauffällig in die Menge zurück, verfolgt von den Blicken, die sehen wollten, wie mein eventueller Begleiter auf meine Beute reagierte. Nicht alle Männer sind begeistert, wenn ihre Freundin einen Brautstrauß erwischt.

Zum Glück schritt das Brautpaar in diesem Augenblick die breite Treppe herab, posierte kurz zwischen den beiden Steinlöwen, die das Portal des Kurparkschlösschens bewachten und setzte sich dann in Bewegung Richtung *Seehof*, wo wahrscheinlich die Hochzeitsfeier stattfinden würde.

Ich reihte mich wieder unauffällig in die Menge ein, die dem glücklichen Brautpaar folgte, allen voran die Braut wie eine Märchenprinzessin in ihrem weißen fließenden Kleid und dem flatternden Schleier. Die Gäste im Biergarten vergaßen einen Moment ihre Schweinshaxen und Maßkrüge und applaudierten.

»Das ist doch die aus dem Fernsehen!«, raunte es an einem der Tische. »Aus *Fackeln der Liebe* oder so ähnlich …«

Die Prinzessin schwebte durch den Biergarten zum Dampfersteg auf ein imposantes Schiff zu, das über und über mit Blumen geschmückt war. Eine Drei-Mann-Blaskapelle spielte den Hochzeitsmarsch in einer Dixie-Version. Die Braut raffte ihr Traumkleid und schritt als Erste über die Gangway an Bord der *MS Augsburg*, wo der Kapitän sie begrüßte.

Die Schlange rückte immer weiter auf den Dampfer zu. Die Männer zogen blütenweiße Einladungskarten aus den Innentaschen und zeigten sie vor, zwei Hostessen, die aussahen wie Zwillinge, hakten die Namen auf der Gästeliste ab. Vielleicht sollte ich besser nach Hause gehen, um mir das peinliche Szenario zu ersparen. Was wollte ich hier eigentlich?

Aber das Glück war mir hold, der Brautstrauß war meine Eintrittskarte. Die Hostess gratulierte mir lächelnd und vergaß, nach meinem Namen zu fragen, wollte nicht mal meine Einladung sehen, ich hatte schließlich den Brautstrauß in der Hand.

Ich ging erst mal auf die Toilette und spritzte eiskaltes Wasser in mein erhitztes Gesicht. Danach mischte ich mich wieder unter die Gäste, schnappte mir zwei Gläser Champagner und tat so, als würde ich meinen Begleiter suchen.

Das Signalhorn des Dampfers tutete dreimal, das Schiff legte ab und nahm direkt Kurs auf Dießen.

Während das Schiff an den schönen Villen von Wartaweil vorbeizog, leerte ich ein Glas Champagner nach dem anderen – es war wirklich unerträglich heiß –, und belauschte am kalten Buffet ein Gespräch zwischen zwei Damen.

»Wenn das kein schlechtes Omen ist …«

»Ach was. Der Schwager ist schon unterwegs.«

»Meinst du, er schafft es noch vor der kirchlichen Trauung?«

»Mach dir keine Sorgen.«

Ich kombinierte. Der Dampfer düste Richtung Dießen, also würde die kirchliche Trauung im Marienmünster stattfinden, in einer der schönsten bayerischen Barockkirchen, wo auch vor einigen Jahren der Schauspieler Heino Ferch geheiratet hatte, der ebenfalls am Ammersee lebte. Was musste unbedingt vor der Trauung noch geklärt werden?

Zwei Minuten später war ich schlauer. Der Bräutigam hatte die Ringe vergessen. Die Ehe war also eigentlich noch gar nicht richtig geschlossen. Offenbar hatte er seinen Bruder oder Schwager losgeschickt, um die Ringe zu holen. Sonst würde die kirchliche Trauung platzen.

Das war meine letzte Chance.

Bewaffnet mit dem Brautstrauß ging ich hoch zum Oberdeck, zauberte aus dem Brautstrauß ein Messer hervor, das ich im Vorbeigehen vom Buffet stibitzt hatte, hielt es dem Kapitän an den Hals und sagte cool: »Abschalten.«

Er schaltete brav das Gedudel von *Radio Arabella* aus.

»Ich meinte eigentlich den Dampfer«, sagte ich leicht gereizt.

Er starrte mich irritiert an. »Entschuldigen Sie meine Neugier – aber warum?«

Das war eine gute Frage. Was wollte ich eigentlich bezwecken?

Ich drückte das Messer etwas tiefer in seine Haut.

»Schalt' den Kahn ab oder es passiert was!«

Er zuckte die Schultern und tat wie geheißen. Die riesige Schiffsschraube wurde langsamer und erstarb dann ganz. Der Dampfer begann leicht hin und her zu schaukeln. Mir wurde schlecht. Ich hätte keinen Champagner trinken sollen. Jedenfalls nicht so viel.

»Und jetzt funken Sie Ihre Zentrale an. Der Dampfer ist in der Gewalt von Terroristen. Wir haben eine Bombe an Bord. Meine Kollegen haben sich unter die Gäste und unters Personal gemischt. Machen Sie keinen Ärger, dann bleiben alle am Leben.«

Ich konnte kaum glauben, was ich da von mir gab. Ich hätte wirklich nicht so viel Alkohol trinken sollen, ohne Frühstück, auf nüchternen Magen. Wenn man noch die Flasche Eierlikör vom Vorabend dazurechnete, mit der ich meinen Liebeskummer ertränkt hatte, dann kam ich wahrscheinlich auf stattliche Blutalkoholwerte.

Der Kapitän griff zum Funkgerät.

»Zentrale, bitte kommen. Hier ist die *MS Augsburg*. Wir sind gerade auf Höhe der tiefsten Stelle zwischen Herrsching und Dießen. Alle Maschinen Stopp wegen einer – äh – Entführung? Geiselnahme?« Er sah mich fragend an.

Ich nickte. »Genau. Sowohl als auch.«

»Soll das ein Witz sein?«, funkte der Betriebsleiter der *Bayerischen Seenschifffahrt* zurück.

»Nein, leider nicht. Ich werde mit einem Messer bedroht.«

Ich riss ihm wütend das Funkgerät aus der Hand. »Wir haben eine Bombe an Bord!«, schrie ich. »Rufen Sie sofort Polizei und Presse! Dann erfahren Sie unsere Forderungen! Over!«

»Und jetzt?«, fragte der Kapitän.

»Jetzt warten wir«, antwortete ich.

Der Kapitän zündete sich eine Pfeife an. »Darf ich?«

Ich nickte generös, griff nach meinem Handy und tat so, als würde ich jemand anrufen.

»Hier oben auf der Brücke ist alles klar. Die Bullen sind unterwegs. Verhaltet Euch erst mal unauffällig.«

In diesem Moment klopfte der Trauzeuge gegen die Glasscheibe des Kapitänshäuschens.

»He, was ist los?«

»Entführung der Braut«, sagte ich und versteckte das Messer unauffällig unter dem Brautstrauß. »Schicken Sie doch bitte die Braut unter einem Vorwand zum Kapitän hoch. Aber bitte allein!«

»Alles klar! Hey, das ist echt mal eine total coole Brautentführung!«

Keine zwei Minuten später kam er zurück und zog die Braut hinter sich her, die sich neckisch wehrte.

»Was soll denn das?«, rief sie lachend.

Er schob sie ins Kapitänshäuschen und sah mich erwartungsvoll an.

»Und jetzt?«, fragte sie und musterte mich neugierig und misstrauisch zugleich.

»Das werden Sie noch früh genug erfahren«, gab ich zurück und wandte mich an den Trauzeugen. »Gehen Sie runter zu den anderen und sagen Sie, dass es gleich weitergeht. Niemand verlässt den Salon. Keine Mätzchen. Wir haben eine Bombe an Bord.«

Während sie mich mit weit aufgerissenen Augen fassungslos anstarrte, lachte der Trauzeuge.

»Voll cool, diese Brautentführung! Piraten an Bord!«

»Das ist kein Witz«, sagte ich gefährlich langsam. »Sie gehen wieder runter in den Salon und sorgen dafür, dass alle unten bleiben. Alles läuft jetzt auf mein Kommando.«

Er starrte mich an, sein Lachen erstarb, dann ging er mit erhobenen Händen langsam rückwärts. »O. k., o. k. – ich hab' kapiert. Kein Witz. Eine richtige Entführung. Alles klar.«

Ich wandte mich an den Kapitän. »Sie sehen aus, als könnten Sie eine kleine Erfrischung vertragen.«

»Ich verstehe nicht …«

»Sie können doch schwimmen, oder?«

Ich drückte ihm einen Rettungsring in die

Hand und holte das Messer hervor, an dem noch Reste der Hochzeitstorte klebten.

Er sprang.

Aus Richtung Dießen kam das blau-weiße Polizeiboot mit Blaulicht und schäumender Gischt auf uns zugerast. Von Mühlfeld, St. Alban, Utting, Schondorf, Eching, Buch und Breitbrunn düsten Wasserwachtboote sternförmig auf den Dampfer zu.

Das war ganz großes Kino.

»Wer sind Sie?«, zischte die Braut.

»Ich bin die Brautstrauß-Fängerin«, sagte ich lächelnd. »Wissen Sie, was das heißt? Ich bin die Nächste, die heiratet.«

Sie schaute mich verständnislos an. In diesem Moment hatte ich *die* zündende Idee.

»Ausziehen!«, befahl ich.

»Wie bitte?«

»Ausziehen!«

»Ich denke nicht daran!«

Ich zückte das Handy. »Jungs, alles klarmachen. Macht die Bombe scharf und erschießt als Erstes den Bräutigam.«

»Nein!!!! Bitte nicht! Ich tu alles, was Sie wollen!«

Ich klappte das Handy wieder zu.

Zitternd schälte meine Rivalin sich aus dem Traumkleid, ich half ihr noch mit dem Reißverschluss. Dann zog ich mich ebenfalls blitzschnell aus bis auf die Unterwäsche.

»Anziehen!«, befahl ich und warf ihr meine Klamotten hin.

Während Sie mein Kostüm anzog, das ihr auch noch unverschämt gut stand, jedenfalls besser als mir, schaffte ich es irgendwie, mich in das Hochzeitskleid hineinzuzwängen, das mir mindestens zwei Nummern zu klein war. Der Reißverschluss hinten blieb offen, aber der lange Schleier verdeckte dieses Manko notdürftig.

Ich zupfte ihr noch das blaue Strumpfband vom Bein, riss ihren Kopfschmuck herunter und fesselte sie mit dem Strumpfband mit einer Hand an das Ruder.

Inzwischen war der Dampfer umzingelt von Wasserwacht- und Feuerwehrbooten.

»*Augsburg* bitte melden!«, dröhnte es durch das Megafon der Wasserschutzpolizei.

Ich drückte der Ex-Braut das Mikrofon in die Hand.

»Du wiederholst jetzt genau, was ich dir sage, klar?«

Sie nickte unter Tränen.

»Sprich mir nach: Wir sind Terroristen und haben eine Bombe an Bord. – Los, du bist Schauspielerin, keine Tricks!«

Sie holte tief Luft. »Wir sind Terroristen und haben eine Bombe an Bord«, dröhnte es über alle Bordlautsprecher. Im Unterdeck gab es einen kollektiven Aufschrei. Sie würde zwar nicht den *Bayerischen Filmpreis* dafür bekommen, aber die Ammersee-Cops würden ihr das schon abnehmen.

»Wie lauten Ihre Forderungen?«

Ich drückte ihr das Messer in die Taille. »Sag: Mehr Geld für alle. Löhne rauf. Ökosteuer runter. Schließung des Sonderflughafens Oberpfaffenhofen. Schluss mit der Ölsucherei am Ammersee. Die *Augsburg* wird umbenannt, und zwar in

Wartaweil. Und der Herrschinger Seewinkel soll gefälligst so bleiben, wie er ist!«

Das mit dem Seewinkel lag mir persönlich sehr am Herzen. Und mit der Namensänderung der *Augsburg* bohrte ich in einer Wunde, die noch nicht ganz verheilt war, seit Finanzminister Erwin Huber bei der Schiffstaufe den Ammersee kurzerhand als *Augsburger Meer* betitelt hatte, was einen Aufschrei der Empörung in der Ammersee-Region zur Folge gehabt hatte. Mit Augsburger Kennzeichen sollte man sich derzeit besser nicht mehr am Ammersee blicken lassen.

Aber jetzt hatte ich erst mal andere Probleme.

Sie schaute mich irritiert an, wiederholte aber brav meine Forderungen.

»Ökosteuer rauf, Löhne runter, Ausbau des Sonderflughafens Oberpfaffenhofen, Schließung des Ammersees, Ölsuche in Wartaweil und der Seewinkel soll umbenannt werden in *Augsburg* …«

Die Polizisten sahen sich ratlos an.

»Blöde Kuh!«, zischte ich. »Du hast alles

durcheinandergebracht! Also noch mal: Löhne rauf, Ökosteuer runter, ...!«

Beim zweiten Anlauf klappte es beinahe, bis auf dass sie diesmal forderte, in Oberpfaffenhofen nach Öl zu suchen und Augsburg in den Herrschinger Ortsteil Wartaweil umzubenennen.

Die Einsatzkräfte berieten sich. Über uns kreiste unablässig ein Hubschrauber des Sondereinsatzkommandos. Ein zweiter Helikopter mit RTL-Logo war ebenfalls im Anflug und kollidierte beinahe mit einem Heißluftballon. Aus Landsberg kam eine Formation Eurofighter angeflogen.

»Und jetzt gehen wir schön langsam raus«, befahl ich, nahm die ehemalige Braut im schwarzen Kostüm am Arm und zückte bedeutungsvoll mein Handy. »Eine falsche Bewegung und die Bombe geht hoch«, warnte ich sie.

Langsam schob ich sie aus der Kajüte. Dann riss ich mich plötzlich los und lief laut schreiend mit wehendem Schleier zur Reling.

»Hilfe!«, schrie ich. »Sie zündet die Bombe! Erschießt sie!«

Mit einem lang gezogenen Schrei stürzte ich über die Reling. Im Vorübersegeln blickte ich für Sekundenbruchteile in die entsetzten Gesichter der Hochzeitsgäste.

Das SEK fackelte nicht lange. Schüsse krachten, die Ex-Braut im schwarzen Kostüm blieb wie vom Donner gerührt mit erhobenen Händen stehen, ein vermummter SEK-Beamte seilte sich blitzschnell vom Hubschrauber ab, überwältigte sie von hinten, legte ihr Handschellen an und ließ sich mit ihr wieder hochziehen. Sie zappelte wie verrückt in der Luft und brüllte immer wieder verzweifelt: »ICH bin die Braut! Verdammt, ICH bin die Braut!!!«

Kaum war ich nach meinem unsanften Bauchplatscher wieder aufgetaucht, düsten die Flitzer der Wasserwachten und Feuerwehren alle gleichzeitig auf mich zu, verhedderten und verkeilten sich, zwei Boote stießen frontal zusammen, ein heilloses Durcheinander. Irgendwer zog mich schließlich aus dem Wasser und hievte mich aufs Polizeiboot.

»Ich bin o. k.«, japste ich und spuckte die Entengrütze aus, die ich beinahe verschluckt hätte. »Bringen Sie mich nach Dießen, schnell!«

»Ja, aber ....«

»Schnell!«

Das Hochzeitskleid trocknete im Fahrtwind und in der Mittagssonne. Als ich ein paar Minuten später in Dießen an Land ging, sah ich insgesamt etwas zerknautscht aus. Am Dampfersteg wartete ein Polizeiauto auf mich.

»Wir bringen Sie erst mal aufs Revier. Sie wollen sich bestimmt ein bisschen frisch machen, oder? Außerdem brauchen wir Ihre Aussage fürs Einsatzprotokoll, die Presse dreht auch schon durch ...«

»Später. Das kann alles warten. Bitte bringen Sie mich erst ganz schnell zur Kirche. Die anderen sollen nachkommen!«

»Sind Sie sicher, dass Sie nicht erst ...«

Ich schüttelte heftig den Kopf. »Ich lass mir doch von so einer Verrückten nicht den schönsten Tag meines Lebens verhageln!«

Mit Blaulicht kutschierte mich die Polizei zum Marienmünster.

Vor der Kirche wartete ich auf meinen Bräutigam. Wenn er vor dem Altar nach dem Ja-Wort meinen Schleier hob, würde er sich vielleicht an unseren One-Night-Stand vor drei Jahren erinnern.

Auch damals hätte ich nicht so viel Champagner trinken sollen.

Sabine Thomas

Wartaweil

Jeden Abend verließ ich das Haus pünktlich um die gleiche Zeit. Die Turmuhr schlug neun Mal, als ich zielstrebig den Herrschinger Bahnhofsplatz überquerte und meine Schritte durch den düsteren Tunnel Richtung See lenkte.

In der Hand trug ich eine Hundeleine. Damit machte ich mich weniger verdächtig, wenn ich Abend für Abend an den todschicken Villen der Uferpromenade entlangjoggte und gelegentlich die Schritte verlangsamte, um einen Blick in hell erleuchtete Fenster zu werfen. Den dazugehörigen Hund gab es schon lange nicht mehr; er war Opfer eines fiesen Giftmords geworden. Dabei hatte ich beim Gassi-Gehen immer brav Neros Hinterlassenschaften in Plastiktüten gewickelt und in den Dog-Stations entlang der Uferpromenade entsorgt.

Es nieselte leicht an diesem kühlen Spätsommerabend. Niemand begegnete mir, als ich beim Seewinkel nach links bog und auf das hell erleuchtete Kurparkschlösschen zulief, in dem gerade die ersten Yogakurse des VHS-Herbstsemesters begonnen hatten. Kleine Wellen schwappten plätschernd gegen die Uferböschung. Weit hinten am Horizont leuchteten die riesigen weißen Parabolspiegel der Erdfunkstelle Raisting vor der imposanten Kulisse der Alpen. Die grellroten Sturmwarnlampen flackerten unruhig über den See. Eine leichte Brise fuhr durch die Blätter. Üppige Laubbäume säumten die Gegend, in der ich nun schon seit über einem Jahr eine Wohnung suchte. Unermüdlich hatte ich in der *SZ*, im *Merkur* und im *Kreisboten* inseriert und überall Zettel aufgehängt, um eine schöne und halbwegs bezahlbare Wohnung mit Seeblick zu finden – ohne Erfolg.

Ich hatte deshalb beschlossen, meine Taktik zu ändern. Ich suchte jetzt nicht mehr eine Wohnung, sondern – einen Mann mit Wohnung.

Ich joggte gemächlich an der Promenade entlang und passierte das nostalgische Kinderkarussell am Dampfersteg, das Eiscafé und den Bootsverleih. Vor der ehemaligen *Bellini-Bar* beim *Seespitz* kam mir ein eng umschlungenes Pärchen entgegen.

Beim Segelclub, wo die Wanten klingelnd gegen die Masten schlugen, verließ ich den schmalen Weg, der zum geheimnisumwitterten Schloss Mühlfeld führte.

Hier begann Wartaweil.

Wartaweil – das war auch meine Devise. Warte, warte nur ein Weilchen ... Nur Geduld, dann würde sich mein Traum von einer Bleibe hier erfüllen!

Beim Anwesen Wartaweil Nr. 14 machte ich eine kurze Pause. Hier hatte in den Siebzigern der Sänger der legendären Rockband *Deep Purple* residiert. Noch heute sprach man im Ort davon, wie David Coverdale damals mit silbernen Plateaustiefeln die Promenade entlanggestöckelt war und sich anschließend im *Seehof* zu den Einheimischen an den Stammtisch gesetzt hatte.

Ich lief weiter. An guten Tagen schaffte ich es bis zum *Frosch-Gartl*, wo mir auch im Sommer immer öfter Heerscharen von Nordic-Walkern mit Skistöcken entgegenkamen.

Ich joggte an der *Begegnungsstätte Wartaweil* vorbei und passierte das Schullandheim in der Villa Habersack, wo die ›Wilden Kerle‹ hausten.

An dem romantischen Schlösschen mit den zwei Türmen kehrte ich um. Der steinerne Diskuswerfer im Garten jagte mir im Dämmerlicht jedes Mal einen Schrecken ein.

Inzwischen war es fast dunkel, immer mehr Lichter erhellten die Fenster der Häuser am See. Ich verlangsamte meine Schritte. In einer dieser Villen lebte das Objekt meiner Begierde. Seit ich bei einem meiner nächtlichen Streifzüge den Hausherrn bei einem Quickie auf dem Esstisch durchs hell erleuchtete Fenster beobachtet hatte, wollte ich nicht nur das Haus, sondern auch den Tisch.

Dieses Erlebnis war der Beginn meiner Karriere als Voyeurin. Aus dem Telefonbuch hatte ich schon längst die Nummer des Hausherrn herausgesucht und wusste, dass mein Traummann mit Vornamen Jan hieß.

Jan und seine Freundin saßen gerade beim Abendessen. Ich beobachtete das schöne Paar eine Weile. Beide stocherten lustlos in der Pasta herum und schwiegen sich an. Im Hintergrund lief der Fernseher.

Ich beschloss, ein bisschen Pep in die lahme Beziehung zu bringen. Blitzschnell kletterte ich über den Zaun, schlich um das Haus herum, streifte meinen sündteuren schwarzen Seiden-Slip herunter und stopfte ihn in Jans Briefkasten. Dann lief ich zurück zum Ufer, fischte das Handy aus der Tasche und wählte seine Nummer. Nach dem dritten Klingeln erhob er sich und ging zum Telefon.

»Hallo? Hallo?? Wer ist da? Hallo!«

Genervt knallte er den Hörer auf. Ich wartete, bis er wieder am Esstisch Platz genommen hatte, dann drückte ich die Wahlwiederholung. Wütend knüllte er seine Serviette zusammen, sprang auf und war mit zwei Schritten am Telefon.

»Hallo!«, rief er ungehalten. »Was soll der Quatsch?!«

Als er wieder saß, drückte ich erneut die Wahlwiederholung.

Jan machte eine rüde Handbewegung. Seine Freundin erhob sich steif und ging zum Telefon.

»Ja bitte?«, säuselte sie mit unnatürlich hoher Stimme.

»Haaallooo«, flüsterte ich. »Im Briefkasten ist Post für Jan …«

»Wer ist da?«, schrie sie schrill.

Ich unterbrach die Verbindung und beobachtete feixend, wie sie den Hörer fallen ließ und aus dem Zimmer rannte.

Sekunden später stürmte sie wutentbrannt zurück ins Wohnzimmer und knallte meinen Slip auf den Tisch. Jan begutachtete das teure Stück grinsend mit Kennermiene. Der Mann hatte Geschmack!

Seine Freundin war außer sich vor Wut. Sie tobte, schrie und bedrohte ihn sogar mit Messer und Gabel. Zuerst lachte er, dann wurde er plötzlich wütend. Ich grinste und drückte die Wahlwiederholung. Beide stürzten gleichzeitig zum Telefon und kämpften erbittert um den Hörer. Längst hatte ich die Verbindung unterbrochen, Handygebühren sind schließlich teuer.

Plötzlich wickelte Jan seiner hysterisch kreischenden Freundin die Telefonschnur um den Hals und zog zu. Langsam sackte sie zu Boden und rührte sich nicht mehr.

Ich schnappte nach Luft. Gelähmt vor Schreck beobachtete ich, wie Jan die leblose Gestalt hastig in einen Teppich wickelte und aus dem Zimmer schaffte. Kurz darauf sah ich, wie die Terrassentür geöffnet wurde. Jan wuchtete den Teppich auf eine Schubkarre und schob sie hinunter zum Bootshaus. Wenig später wurde ein Ruderboot durch das dichte Schilf ins Wasser geschoben und setzte klatschend auf der Wasseroberfläche auf. Das Boot entfernte sich rasch vom Ufer und wurde bald von der Dunkelheit verschluckt. Nur das Flackern der Sturmwarnlampe zuckte über den See.

Das uralte Lied schoss mir plötzlich durch den Kopf.

Warte, warte nur ein Weilchen … dann kommt Hamann auch zu dir … mit einem Hacke-Hackebeilchen … macht er Hackefleisch aus Dir …

Was würde Jan mit mir tun, wenn er mich zwischen die Finger bekäme? Ich war schließlich die einzige Zeugin … und wenn man es genau betrachtete, hatte *ich* diesen Mord provoziert!

Stundenlang lief ich am Ufer entlang und versuchte, einen klaren Gedanken zu fassen. Eigentlich müsste ich jetzt die Herrschinger Polizei benachrichtigen. Aber dann müsste ich auch erklären, warum ich spätabends noch am unbeleuchteten Seeufer unterwegs war und bei fremden Leuten ins Fenster glotzte. Womöglich würde man mein Handy checken und feststellen, dass ich die letzten verhängnisvollen Anrufe bei Jan getätigt hatte. Außerdem gab es noch meine Fingerabdrücke auf dem Briefkastendeckel und meinen Slip am Tatort …

Zunächst musste ich also meine Spuren beseitigen, so gut es ging.

Ich lief zurück zu Jans Haus, vorbei an dem seit Jahren leer stehenden *Hotel Wartaweil*, wo einst die *Löwen* ihre strammen Wadln für die Fußball-Meisterschaft trainierten, und an der gelben Villa, die als Location für zahlreiche Fernsehkrimis diente – sogar der *Bulle von Tölz* und die *Rosenheim-Cops* hatten hier schon ermittelt.

Auf der Staatsstraße rasten die Pendler Richtung Weilheim. Ich musste höllisch aufpassen, dass niemand sah, wie ich mit einem Tempo-Taschentuch hastig die Fingerabdrücke auf dem Briefkastendeckel verwischte. Aber wie sollte ich mir jetzt Zugang zu der Villa verschaffen, um meinen Slip vom Tatort zu entfernen?

Ich schlich wieder ums Haus und blickte in Jans Wohnzimmerfenster. Mich traf beinahe der Schlag: Er saß vor dem Fernseher, so, als wäre nichts geschehen. Auf dem Bildschirm erschien das Intro von ›Tatort‹.

Ich zog den Lippenstift nach, straffte die Schultern und klingelte.

Jan öffnete die Tür. Aus kurzer Distanz gefiel er mir nicht mehr ganz so gut, aber das spielte jetzt keine Rolle mehr. Sein Blick flackerte.

»Ja bitte?«

»Guten Abend«, sagte ich und setzte ein charmantes Lächeln auf. »Ich habe zufällig vorhin Ihr kleines Drama durchs Fenster beobachtet. Darf ich eintreten?«

Er starrte mich entsetzt an. Ohne eine Antwort abzuwarten, ging ich an ihm vorbei in die Wohnung, setzte mich auf die rote Ledercouch, schlug die Beine übereinander und blickte mich interessiert um.

»Schön haben Sie's hier«, sagte ich und zündete eine Zigarette an.

Er starrte mich immer noch fassungslos an. »Was wollen Sie von mir?«

Ich inhalierte tief und schenkte ihm einen langen Blick. »Keine Angst, ich werde niemandem unser kleines Geheimnis verraten …«

»Wer sind Sie? Was wollen Sie?«, keuchte er.

Ich lächelte. »Gestatten: Ich bin Ihre neue Mitbewohnerin.«

Noch in der gleichen Woche zog ich in mein Traumhaus ein. Jan zog kurz darauf aus, mit unbekanntem Ziel. Mit ihm hätte es ohnehin auf Dauer nicht geklappt. Auch der Esstisch blieb unbenutzt.

Dafür habe ich jetzt neben meinem Traumhaus auch wieder einen Hund, mit dem ich jeden Abend an der Uferpromenade Gassi gehe. Ich schaue immer noch gerne im Vorbeilaufen in hell erleuchtete Fenster. Und ich habe auch schon wieder ein neues Objekt im Visier …

Angela Eßer

Besser als Sex

Schön, dass Sie stehen geblieben sind, das freut mich. Sehr sogar.

Sie möchten wissen, was passiert ist? Glauben Sie mir, es sieht alles schlimmer aus, als es ist.

Gut, mein Kompagnon liegt neben mir tot am Boden und alles spricht jetzt hier gegen mich. Doch ich kann Ihnen versichern, auch ich bin im Moment noch am Boden zerstört. Und sicherlich wird bei mir auch die eine oder andere Schramme zurückbleiben, aber bin ich davon überzeugt, dass es bald wieder aufwärts gehen wird. Sie denken, das wäre mein Ende? Nein, ich bin nur ein klein wenig unter die Räder gekommen, und ob Sie es glauben oder nicht, ich bin felsenfest davon überzeugt, dass ich bald wieder einen starken Partner finden werde. Ich bin ein Teamplayer. Immer gewesen. Meiner Meinung nach geht ohne einen gewissenhaften, starken Partner gar nichts – kann nichts Großes oder Besonderes erreicht werden. Im Finanzbereich oder sonst wo. Weiß jedes Kind. Weiß jeder. Wenn der Partner allerdings eine Null ist, dann sollte man möglichst schnell die Partnerschaft beenden. Nicht umsonst werden eben aus diesem Grund genügend Ehen geschieden. Auch Geschäftspartner, die jahrelang eine gute Zusammenarbeit hatten, müssen zuzeiten neue, eigene Wege gehen.

›Lieber ein Ende mit Schrecken als ein Schrecken ohne Ende‹, besagt nicht ohne Grund auch schon ein altes Sprichwort.

Manchmal ist eben eine schnelle, klare Trennung der einzig richtige Weg.

Manchmal reicht allerdings eine simple Trennung nicht aus. Manchmal muss man den Partner aus dem Weg räumen.

Für immer.

Wissen Sie, mein Partner hatte sich nicht nur verändert, sondern war eigentlich nicht mehr tragbar.

Wobei unser Start vor ein paar Monaten gar nicht besser hätte sein können. Ehrgeiz, Wille, Kraft, Ausdauer – alles vorhanden. Was haben wir nicht für fantastische gemeinsame Projekte begonnen und mit Bravour gemeistert.

Schondorf, Landsberg, Weilheim. Wunderbar.

Alles lief perfekt, und nach jedem erfolgreich abgeschlossenen Projekt gab es immer wieder neue Ideen für immer größere Vorhaben. Nicht umsonst heißt es, bei Gleichgesinnten sei der Moment, wenn ungeahnte Ziele erreicht werden, besser als Sex.

Unsere größte und spannendste Herausforderung war auch gleichzeitig unser absolutes Lieblingskind: das Ammersee-Projekt. Hier war das Zusammenspiel ein künstlerisches Gesamtkonzept. Die verschiedenen Elemente haben bis ins kleinste Detail harmoniert. Traditionelle Eleganz, innovative Technik und harte Arbeit haben zum Erfolg geführt. Hier stimmte bis vor Kurzem einfach alles.

Stundenlang waren wir Tag für Tag zusammen, haben uns immer wieder für noch höhere und weitere Ziele, die es vor Ort zu bewältigen gab, abgestrampelt – fünf, sechs Stunden am Stück und ohne Pause waren für uns ein Klacks, alles gemäß dem Motto: Immer die Grenzen des Machbaren überschreiten. Viele Abende konnten wir in unvergleichbarer Glückseligkeit beenden, wie sie nur innig Verliebte vielleicht noch haben, die sich tief verbunden fühlen und ohne Worte verstehen. Nein, ich habe nicht bemerkt, dass ein Ende unserer gemeinsamen Arbeit in Sicht gewesen wäre. Für mich war alles auf einem großartigen und erfolgreichen Weg, der erst gerade begonnen hatte. Nirgends ein Hindernis, das nicht zu schaffen gewesen wäre. Das ganze Westufer des Sees hätte noch völlig neu bearbeitet werden können, und zum Schluss, als Krönung sozusagen, der Hohe Peißenberg.

Der Stolperstein kam in Gestalt eines vollbusigen und dümmlich grinsenden weiblichen Abziehbildes namens Carmen daher. Sie schaffte es mit links, meinem Partner neue Ziele zu setzen, und das mithilfe eines T-Shirts, das den völlig idiotischen Aufdruck trug: *Ich liebe Radler!*

Durch den Atombusen wellenartig verzogen,

konnte es jeder, der es wollte, auf ihrem neonpinkfarbenen T-Shirt lesen. Aber auch diejenigen, die es nicht lesen wollten, konnten die ganze, ausschließlich weibliche Truppe mit gleichem T-Shirt, deren augenscheinliches Mitglied Carmen war, nicht übersehen. Mitsamt ihren Rädern blockierten sie auf der Landstraße zwischen Bierdorf und Holzhausen den gesamten Verkehr. Ein paar standen mit auseinandergefalteten Landkarten mitten auf der Straße, andere gestikulierten wild, um den anderen irgendetwas zu erklären. Zwei in der Gruppe zeigten nach links, drei nach rechts, der Rest gackerte lauthals vor sich hin und Carmen wedelte mit beiden Armen, um sich offenkundig Gehör zu verschaffen.

Erhört wurde sie allerdings vom Falschen.

Richtig, Sie haben es erfasst. Während alle Autofahrer wie wild hupten, stand mein Partner plötzlich neben Carmen. Ich stand abseits und wurde zum Statisten degradiert. Alles drehte sich schlagartig nur noch um ihn. Natürlich habe ich mich anfangs geärgert, aber, wenn ich ehrlich bin, kann ich mit diesen albernen Freizeitradlern, vor allem diesen ungelenken, völlig unsportlichen

Fahrerinnen aber auch gar nichts anfangen. Wahrscheinlich haben es mir alle angesehen, obwohl ich gute Miene zum bösen Spiel gemacht habe. Zumindest am Anfang …

Jedenfalls saßen wir kurze Zeit später gemeinsam mit der ganzen Meute im Biergarten der *Alten Villa* in Utting, statt nach unserem anstrengenden Nachmittag am Dießener Berg zu Hause eine wohlverdiente lange Dusche zu genießen. Und fragen Sie mich bitte nicht, worüber sich die ganze Zeit unterhalten wurde. Übel. Vor allem mitzubekommen, über welche Schwachsinnigkeiten mein Partner aus heiterem Himmel in schallendes Gelächter ausbrechen konnte. Beendet wurde der Abend mit einer Verabredung zu einer kleinen Fahrradtour inklusive Picknick am See.

Das war der Anfang vom Ende.

Ich bitte Sie, Fahrradtour und Picknick! Wer macht denn so einen spießigen Quatsch? Labbriger Kartoffelsalat mit lauwarmer Cola zwischen Unmengen von Ameisen inmitten tausend anderer grölender Menschen, die am nächsten Tag mit einem satten Sonnenbrand den Arbeitskollegen erzählen, wie sehr sie das sonnige, ruhige Wochenende am Ammersee genossen haben.

Entweder man fährt Fahrrad oder man isst. Aber nicht so einen halbherzigen Nostalgieblödsinn.

Diese erste unsägliche Fahrradtour mitsamt Picknick begann mit einer anderthalbstündigen Verspätung. Denn erst musste an Carmens Fahrrad der Reifendruck überprüft, der Sattel richtig eingestellt und der Lenker gerichtet werden. Dann mussten noch Brez'n in einer Bäckerei geholt und zum Schluss – Carmen hatte es völlig vergessen – die Blumen auf dem Balkon gegossen werden.

In Stegen musste in der *Strandbar* auf einen Cappuccino angehalten und in Schondorf Paddelboot gefahren werden. Danach wurde auf der Uferpromenade gepicknickt, während ich wie bestellt und nicht abgeholt daneben lag. Mit Grauen erinnere ich mich an diesen völlig verplemperten Tag. Aber was erzähle ich, es kam ja alles noch viel schlimmer. Eine Woche später fuhren wir gleich mit Sack und Pack mit dem Ammersee-Bähnle von Merching nach Riederau, um es dann gerade bis nach Dießen zu schaffen und am Kiosk neben dem Dampfersteg ein ›Radler für die Radler‹ zu trinken. Haha. Ein Herumgetrödle ohne Ende. Einmal spucken und wir wären auch da gewesen. Wozu dann überhaupt mit dem Rad fahren? Ehrlich gesagt, ich wäre lieber zu Hause geblieben.

Und wieder ließen sie mich stehen, diesmal in der prallen Sonne. Ich habe mich nicht nur vernachlässigt gefühlt, es war klar und eindeutig, ich war völlig überflüssig. Doch die endgültige Entzweiung kam erst, als Carmen meinem Partner ins Ohr säuselte, dass ein Cabrio doch viel schicker sei. So ein kleiner Zweisitzer.

Sie hätte es auch ruhig laut sagen können. Als ob ich das nicht mitbekommen hätte, welch abschätzige Blicke sie mir die ganze Zeit zugeworfen hatte. Loswerden wollte sie mich …

… und ob Sie es jetzt glauben oder nicht, am nächsten Tag standen wir vor diesem Autohaus in Gilching, und ein paar Stunden später hatte mein Partner den Kaufvertrag für einen Porsche unterschrieben. Einen Porsche!

Ich sag Ihnen, jetzt war Schluss mit lustig.

Alles stand auf dem Spiel. Ich hatte keine Lust aufs Abstellgleis gestellt zu werden, um dann ab und an halbherzig wieder hervorgekramt zu werden. Und womöglich in ein paar Monaten noch die Wohnung mit Carmen zu teilen. Nein, danke!

Die Rückfahrt war meine letzte Chance. Kurz nach Inning, direkt vor der *Alten Brauerei Stegen*, erhörte mich dann endlich der Fahrradgott, falls es einen geben sollte …

Das Handy klingelte und mein Partner telefonierte, obwohl wir verdammt schnell unterwegs waren. Ich konnte gerade noch hören, wie Carmen ungeduldig quengelte, als gleichzeitig ein Wagen mit überhöhter Geschwindigkeit um die Kurve schoss. Ab jetzt war alles nur eine Frage von Sekunden.

Jetzt oder nie! Ich beschloss, alles an mir zu mobilisieren. Voller Wut kniff ich meine Bremsbacken zusammen. Auto- und Radreifen quietschten und mein Partner verlor jegliche Kontrolle. Das Handy flog durch die Luft, und er legte einen Salto erst über meinen Lenker, dann über den Autokühler hin, um zum Schluss auf dem Asphalt zu landen. Hart. Mit Genickbruch.

Eben, manchmal ist ein Ende mit Schrecken besser als ein Schrecken ohne Ende.

… und jetzt liege ich hier.

Ein echter Rennradfreak kann nicht einfach an mir vorüberfahren. Keine Frage, mit meinem ultraleichten Carbon-Rahmen und auch sonst exklusiven Zutaten verkörpere ich absolute Spitzentechnologie, das Feinste vom Feinsten. Geschaffen für kompromisslose Rennfahrer, die nur die Ziellinie sehen und den schnellsten Weg, um sie zu erreichen.

Die Ersten haben schon Interesse gezeigt. Ich sehe es an den kleinen Blitzen in den Augen, wenn sie vorüberfahren. Natürlich, ich bin ein bisschen ramponiert, aber ohne Probleme reparabel. Soviel habe ich gar nicht abbekommen, ein Kenner sieht das.

Ah, ich merke auch hier, dass bei einigen von Ihnen die Spannung steigt. Ja, ich bin noch zu haben. Aber … Achtung: Ich gebe mich nur einem absolut zuverlässigen Partner hin! Überlegen Sie nicht allzu lange und vor allem denken Sie daran: Frauen nehmen Sie doch nur aus wie eine Weihnachtsgans und werden irgendwann langweilig. Ich dagegen verspreche Ihnen nicht nur eine gute Kondition, eine klasse Figur, sondern auch traumhafte Touren um den Ammersee, und wie ich schon sagte, unsere gemeinsamen Trips sind besser als Sex.

-ky
Eigentor

Im Laufe der Zeit hatte es sich bei uns Berlinern eingebürgert, immer dann woanders zu wandern, wenn einer von uns am festgelegten Tag, dem ersten Sonnabend im Monat, aus familiären oder beruflichen Gründen in einer anderer Stadt oder Region abgestiegen war. So waren wir nach Daun, Jever, Saalfeld, Göhren Hamburg, Mosbach und Hemmoor gekommen, und Köln und Dabroszyn/Tamsel waren auch schon angedacht, vorher ging es aber noch nach München und Umgebung, denn per Zufall waren wir darauf gestoßen, dass etliche von uns zwischen 30. Mai und 2. Juni 2002 in der bayerischen Landeshauptstadt zu tun hatten. Wanda van der Aa hatte an der Münchener Uni endlich einen neuen Doktorvater gefunden, den vierten mittlerweile, und ihr Mann, unser Psychologie-Professor Arnold van der Aa, war gebeten worden, an der Ludwigstraße einen Vortrag zum Thema *Narzisstische Bedürftigkeit und die neue Droge Wichtigkeit* zu halten. Ute Schupp hatte einen Termin beim bayerischen Landesrechnungshof, denn es galt ja nun bundesweit die Devise: ›Von Bayern lernen, heißt siegen lernen.‹ Ihr Mann trug sich mit dem Gedanken, den Besuch beim großen bayerischen Brudervolk nutzen, um seinen Parteifreunden zu helfen, bei der nächsten Wahl 0,1 % gegenüber der CSU aufzuholen. Carola Knabenschuh hatte ihr erstes Theaterstück geschrieben – *Dr. Frettchen und Pater Bierbauch* – und das sollte in einem Schwabinger Off-Theater seine Uraufführung erleben. Und Yerma wollte bei den Vorgesprächen unbedingt dabei sein, denn sie erhoffte sich die Hauptrolle in Carolas Stück, war doch Dr. Frettchen eine Frau. Horst-Rüdiger Eigenrauch hatte Drehbuch-Termine bei der *Bavaria* und in Unterföhring. Ich hatte vor, in Ottobrunn Gert R., meinen ältesten noch lebenden Schulfreund besuchen, weil ich dies aber der Steuer gegenüber nicht als berufsbedingt ausgeben konnte, auch den *dtv*-Verlag in der Friedrichstraße aufzusuchen, um ihnen das Manuskript *Das Wandern ist des Mörders Lust* anzubieten und darüber zu verhandeln. Blieb noch unser letztes Drittel. Aber auch das war von der Destination München angetan. Raimund Heyl, Gottfried Rosentreter und Paul Dombrowski wollten der Hochkultur huldigen und freuten sich auf das *Deutsche Museum*, das *Cuvilliés-Theater* und die *Alte Pinakothek*.

Rico Roßleben, unser Problemfall, ließ sich durch nichts davon abhalten, mit nach München zu fliegen.

»Ick will nach Österreich rüba«, erklärte er. »Mal den Haider sehn.«

Carola Knabenschuh hatte ihn angeschleppt, um ihn seinen rechtsradikalen Freunden zu entreißen und neu zu sozialisieren.

Um nicht der geistigen Inzucht zu verfallen, gab es in unserer Gruppe die Institution des Gastwanderers, das heißt, in jedem Jahr durfte einer von uns einen Freund oder Bekannten mitbringen, wenn die Mehrheit der Gruppe vorher zugestimmt hatte. Eigenrauch hatte nun für ›München und Umgebung‹ einen Bundestagsabgeordneten der CSU vorgeschlagen, den urigen Vinzenz Vorderkehr, und bei der anschließenden Diskussion auch durchgebracht, tolerant wie wir alle waren, man konnte ja keinem Menschen seinen Franz Josef Strauß ewig nachtragen.

Am Donnerstag und Freitag hatten alle ihre Pflichtprogramme absolviert, und so trafen wir uns dann am Samstag – einen Sonnabend gab es ja in München nicht – frisch, fromm, fröhlich, frei am Marienplatz, um mit der S 5 nach Herrsching zu fahren und rund um den Ammersee zu wandern.

Wanda zeigte sich auch diesmal bestens präpariert. »Der See ist 16 Kilometer lang, drei bis sechs Kilometer breit und bis zu 88 Meter tief. Von Herrsching aus erklimmen wir die 711 Meter hoch gelegene *Bendiktinerabtei Andechs*, in der wir unter anderem das Brustkreuz der heiligen Elisabeth von Thüringen finden, trinken in der Klosterschenke das berühmte *Andechser Bier*, wandern dann um den südlichen Zipfel des Sees nach Dießen, besichtigen dort die Kirche des ehemaligen Augustiner-Chorherrenstifts, eine Perle des bayerischen Barocks, und sehen zu, dass wir drei Taxen kriegen, die uns nach Herrsching zurückbringen, am besten ›oben rum‹ über Utting und Schorndorf, damit wir alles mal gesehen haben.«

Vinzenz Vorderkehr rang bei soviel preußischer Unwissenheit die Hände. »Ja mei! Vom Kloster Andechs kann man nicht nach Dießen wandern! Da müsste man einen ganzen Tag einplanen und wird wahrscheinlich auf der schmalen Birkenallee von Rasern totgefahren, denn durchs Naturschutzgebiet am See entlang darf man nicht durch. Üblich ist es unter Wallfahrern, von Andechs wieder nach Herrsching runterzuwandern, was zirka eine Stunde dauert, und dann mit dem Schaufelraddampfer nach Dießen überzusetzen.«

»Gut«, sagte Wanda. »Ich wollte unserem bayerischen Freund nur die Gelegenheit geben, sich bei uns genügend zu profilieren. Also: Wir verfahren so, wie eben von ihm vorgeschlagen, besichtigen dann in Dießen die Kirche des ehemaligen Augustiner-Chorherrenstifts, eine Perle des bayerischen Barocks, und stärken uns anschließend im Biergarten neben dem Dampfersteg.«

Rico Roßleben war von allem wenig begeistert. »Ick wär lieba in't Hotel jebliem und hätt Fußball geguckt. WM. Deutschland gegen die Saudis. Also! Hat denn keena 'n tragbaren Fernseher mit … oder so was.«

»Oder so was schon«, erwiderte Eigenrauch, »und zwar in Form eines Handys. Mein Sohn in Nürnberg wird mir bei jedem Tor, das gefallen ist, eine Nachricht senden. Ein Blick auf mein Display – und wir wissen, was Sache ist.«

Die Mehrheit dankte es ihm mit lautstarkem Beifall, während die schöngeistige Minderheit in Form von Yerma, Raimund Heyl, Ute Schupp und Carola Knabenschuh nur aufstöhnend die Augen verdrehte. Heyl war es auch, der die Frage diskutiert wissen wollte, ob Bayern wirklich das Vorbild für alle anderen Bundesländer war beziehungsweise sein sollte.

»Natürlich«, sagte ich. »Denn als einziges Bundesland hat es das elitäre Y im Namen, und alles, was ein Y im Namen hat, ist groß und bedeutend, zum Beispiel: Yerma, New York, Tokyo, die Yanomami-Indianer, Heyl und Bosetzky.«

»Ja, stell dir mal vor, es gäbe kein Y mehr.« Plapper-Paul erinnerte sich und uns daran, dass Monika Ehrhardt-Lakomy und Lucky Lakomy mal ein Stück mit Musik geschrieben hatten, wo es um die Abschaffung des Y ging. »Die vom ›Traumzauberbaum‹, das ist so'n richtiger Kult in der Ex-DDR.«

»Na, der Herr Kollege Stoyber wird ja bald dafür sorgen, dass wir alle ebenso glücklich und so tüchtig wie die Bayern werden«, sagte Jens-Uwe Schupp.

»Nun, der Mark Brandenburg ist die Herrschaft der Bayern ja damals nicht ganz so gut bekommen«, wandte ich ein und erinnerte meine Mitwanderer an die Zeit nach 1319. »Am 24. August 1319 war Markgraf Waldemar gestorben, offiziell wenigstens, der Letzte aus dem Hause Askanien, und man belehnte Ludwig V. aus dem Hause Wittelsbach mit der Mark Brandenburg, schließlich war sein Vater Kaiser. Doch Ludwig war erst acht Jahre alt, und ein Graf von Henneberg führte die Geschäfte. Doch die Bayern investierten nichts in die ungeliebte Streusandbüchse des Heiligen römischen Reiches deutscher Nation und finanzierten vor allem keine Soldaten, um den einheimischen Raubrittern, Guerilleros, Desperados und Strauchdieben das Handwerk zu legen. Brandenburg versank in Anarchie und Chaos. Der Feldhauptmann des Markgrafen Ludwig hieß Friedrich von Lochen – und die Märker sangen das Spottlied: ›Friedrich von Lochen, / Friedrich von Lochen, / 's ist heuer gar teuer, / Das Fleisch frisst der Bayer, / Uns lässt er die Knochen, / Friedrich von Lochen.‹ – Kurzum, Ludwig der Bayer war nur erfolgreich als Schürzenjäger, sonst aber eine einzige Katastrophe. Unter seinem Bruder Ludwig dem Römer wurde es dann ein wenig besser, aber alle atmeten auf, als die Bayern Brandenburg wieder verließen und Karl IV., der Luxemburger, die Zügel in die Hand nahm. Wenn Brandenburg heute noch eines der ärmsten Bundesländer ist, dann hat das historisch drei Wurzeln: den dreißigjährigen Krieg, die alles aussaugende Kraft Berlins – und die frühe Herrschaft der Bayern.«

Vinzenz Vorderkehr hatte dies alles mit wachsendem Unmut vernommen und setzte nun zu einer längeren Gegenrede an. »Moanst dös wirklich? Wenn der Burggraf von Nürnberg, also aus dem Bundesland Bayern, 1414 nicht nach Brandenburg gekommen wäre und mit euren Raubrittern aufgeräumt hätte, dann würdet ihr doch heute noch …«

Weiter kam er nicht, denn zum ersten Mal dudelte Eigenrauchs Handy. Er drückte mehrere Knöpfe und las dann: »1:0 für Saudi-Arabien.«

»So eine Scheiße. Also!«, schrie Rico. »Alle deutschen Spieler in einen Sack stecken und mit ’ner Dachlatte drauf prügeln … oder so was.«

Zwar verurteilten wir seine Worte mit Abscheu und Empörung, doch betroffen waren wir alle.

Was half’s: das Leben musste weitergehen, unsere Wanderung ebenfalls. Aber wir brauchten schon die Mühen des Anstiegs zur Kloster- und Wallfahrtskirche *Mariä Verkündigung*, um auf andere Gedanken zu kommen. Doch als wir vor der Reliquienkapelle standen, meldete sich Eigenrauchs Handy zum zweiten Male. Wir hielten unwillkürlich den Atem an, und ich schwöre, dass Gottfried Rosentreter sogar betete: »Lieber Gott, lass es jetzt bitte 1:1 stehen.«

Doch wird ahnten schon Schreckliches, als wir Eigenrauchs Augen sahen, und richtig, er konnte nach dem Blick auf sein Display nur murmeln: »2:0 für Saudi-Arabien …« Wir mochten es nicht glauben, aber so stand es wirklich da.

»Die schaffen es schon noch und gewinnen 3:2«, sagte Plapper-Paul, unser ewiger Optimist.

Als wir uns später zu einer Brotzeit in Dießen im Biergarten am Ammersee niedergelassen hatten, fiepte das Handy zum letzten Mal, und Eigenrauchs Sohn Patrick meldete: Endstand 2:0 für Saudi-Arabien.«

Raimund Heyl kam uns sofort mit einer sehr elaborierten Analyse dieser Niederlage. »Kein Wunder, dass die deutsche Mannschaft derart exorbitant versagt hat, sind wir doch eine reine Fungesellschaft geworden, in der sich keiner mehr quälen will, und jeder nur noch an sich selber denkt, so sehr Egomane ist, dass er den Ball nicht weiterleitet, wenn der Mitspieler besser postiert, sondern lieber selber übers Tor schießt. Dabei kann guter Fußball nur gespielt werden, wenn sich der Individualist mit seiner spontanen Subjektivität in den Dienst der Mannschaft stellt, also die Dialektik zwischen dem Einzelnen und der Gemeinschaft ihre Fruchtbarkeit voll entfalten kann.«

Bei so viel Philosophie wollte ich nicht zurückstehen und brachte Jean-Paul Sartre ins Spiel: »Wie sagte der: ›Bei einem Fußballspiel kompliziert sich allerdings alles durch die Anwesenheit der gegnerischen Mannschaft.‹«

»Du musst es ja wissen«, grätschte mir Eigenrauch in die Beine. »Du bist ja selber mal Torwart gewesen – wie schon Albert Camus.«

»Und wie Oliver Kahn. Dass der sich von den Saudis zwei Dinger reinhauen lässt – unfassbar. Mein Gott, Deutschland verliert 0:2 gegen ein Fußballentwicklungsland. Wie tief sind wir doch gesunken … «

»So liebe ich Deutschland: total am Boden!« verkündete Yerma. »Bei einem Sieg hätten doch die Faschos alle wieder gejubelt, die Glatzen und die Bierbüchsen, und gegrölt: ›Deutschland, Deutschland über alles!‹ Nun aber schweigen sie.

0:10 hätten die Deutschen verlieren müssen, noch höher, das hätte ich ihnen gegönnt.«

»Versager die, Penner die. Also!«, schrie Rico und belegte die Saudis mit Begriffen, die ziemlich peinlich waren, was sich aber dadurch etwas relativierte, dass er die deutschen Spieler noch ärger beschimpfte. Wobei »Arschlöcher die!« noch das Geringste war. »Vaterlandsverräter sind das alles, Volksschädlinge. Die gehören alle ausgewiesen … oder so was.«

Die Münchener und die anderen Bayern ringsum herum sahen uns mit großen Augen an und hielten uns Preißen für furchtbar blöd, hatte doch die deutsche Mannschaft in Wahrheit gerade 8:0 gewonnen. Alle wussten es, nur wir nicht, die wir Opfer eines kleinen Scherzes geworden waren.

Und so kam, was kommen musste: Rico flippte aus und feuerte einen Bierkrug in Richtung des größten Spötters, der stolz die Farben des FC Bayern München trug und somit nur schwer zu verfehlen war. Der Gute hatte jedoch das Motto verinnerlicht ›Von Kahn lernen, heißt siegen lernen‹, fing das Wurfgeschoss mit lässiger Geste und warf es, nun einem Pitcher im US-Baseball gleichend, zu unserem Tisch zurück. Man konnte nicht davon sprechen, dass sich Rico Roßleben bei seinem niedrigen IQ geistesgegenwärtig geduckt hätte, da war ja nichts, aber es gelang ihm, dem heranfliegenden Geschoss mit einer geschickten Bewegung auszuweichen. Es traf Vinzenz Vorderkehr mit solcher Urgewalt an den Hinterkopf, dass ihn keine Notoperation mehr retten konnte.

Eigenrauch murmelte das, was er des Öfteren unter Bildern Ludwig II. gefunden hatte: »Dem Vaterland starbst du zu früh, dein treues Volk vergisst dich nie.«

Jochen Senf

Keep smiling

Ich bin ein Frauenliebling. Wegen meines Lächelns. Ich lächle immer. Tag und Nacht. Als hätte mir ein Herrgottsschnitzer dieses Lächeln für immer und ewig ins Gesicht geschnitten.

Ich war in Andechs am Ammersee. Vor einer Woche. Mit dem Flieger Berlin-Tegel nach München. Von dort mit der S-Bahn bis Herrsching. Von dort abgeholt mit dem Auto bis Andechs. Im Kloster Andechs hat man mir einen Preis verliehen, wo auch das angeblich beste Bier der Welt gebraut wird, sagt man. Ich wohnte im *Hotel Ammersee*. Wir holen Sie in Herrsching ab, sagte der Hoteldachverband.

Ich bekam den Preis für das freundlichste Lächeln eines Kellners in Deutschland. Ich bin

Chefkellner im Hotel *Zürichsee* in Berlin. Allererste Adresse. Ohne eine gefüllte Brieftasche hat da keiner eine Chance. Aber holla! Niente. Ich brauche dem Gesocks nur ins Gesicht zu schauen. Diese gewisse Ängstlichkeit im Blick der Besitzlosen. Unausrottbar! Ein Wimpernschlag, und der Oberkellner befördert diese Null sofort hinaus. Diskret, natürlich! Haha!

Der Preis für den freundlichsten Lächler wurde zum zehnten Mal verliehen.

»Sie sind ein Glückspilz. Ein Jubiläum! Gratuliere«, sagte der Herr Direktor meines Hotels. »Lächeln Sie, immer in die Kamera lächeln, einfach nur lächeln, Schmidt, aber das können Sie, Sie Meisterlächler.«

Wo er recht hat, hat er recht. Ich kann gar nicht anders als lächeln. Ich bin Zwangslächler. Es darf nur keiner merken, dass es Zwang ist. Was sich hinter dem Lächeln abspielt, ist meine Privatsache. Ich schaue ja auch niemandem in die Unterhose.

»Sie machen mich wahnsinnig mit Ihrem Lächeln«, stöhnte vor wenigen Wochen eine bildhübsche, vornehme junge Lady aus London, als ich selbst, als besondere Geste der Aufmerksamkeit, den Fisch auflegte. Das macht sonst ein Servierkellner. »Und glücklich«, hauchte sie, als ich, wie versehentlich, ihr mit dem Handrücken die Wange streifte, als ich den Zander in Olivenkruste auf ihrem Teller zubereitete.

Ich fand das Zettelchen in der linken Manschette meines Hemdes. Sie hatte es mir von mir unbemerkt in die linke Hemdmanschette geschoben. Was an Verstecken sie sich immer einfallen lassen, diese kleinen Luder! Ihr Gatte saß neben ihr. Schon älteres Baujahr. So aus der Gründerzeit. Haha!

›Wann?‹, stand auf dem Zettelchen. Mehr nicht. Nur ›Wann?‹

Wann, ja, wann? Leider ist sie in der gleichen Nacht noch in den Fahrstuhlschacht gestürzt, der aus unbekannten Gründen nicht mehr gesichert war. Der Fall wurde nie aufgeklärt. Der Gatte war untröstlich.

Das Zettelchen bewahre ich auf. Alle Zettelchen bewahre ich auf. Meine erlächelten Jagdtrophäen.

Ich besitze viele davon. Von Damen, die sich in mein Lächeln vergafften. Ich wurde mit der Zeit süchtig. Eine reifere Dame, aber immer noch entzückend, nestelte sich beim Abenddinner bei 30 geladenen Gästen an der Tafel das Höschen von den schon leicht mürben Schenkeln, in leichten Windungen. Ihr satter Busen zitterte leicht mit. Rechts, links, rechts. Süß! Ihr Tischgegenüber glotzte nur so.

»Ganz allein für Sie, Sie lächelnder Wonneproppen«, flüsterte sie und stopfte mir dieses hauchzarte Nichts von Höschen in die Hosentasche. Auf dem Zettelchen stand die Nummer ihrer Suite und ein Schamhaar war mit Goldlack aufgeklebt. Diese Dame ist in der gleichen Nacht noch über der Kloschüssel an Erbrochenem erstickt. Ich hatte sie entdeckt. Ich wollte ihr den Champagner bringen, und den Kaviar, den sie bestellt hatte. Da lag sie, im Erbrochenen. Nackt und appetitlich. Es war ein recht angenehmer Schauer auf meiner Haut, sie so zu sehen. Ich hatte das Höschen und den Zettel noch in meiner Hosentasche. Ich verspürte so eine Art Machtgefühl, die Ärmste so vor mir zu sehen. Wenn

Sie verstehen, was ich meine. Ich lächle, und die Damenwelt liegt mir zu Füßen. Im Hotel *Zürichsee*.

Ich selbst hasse mein Lächeln. Es bereitet mir große Seelenqualen. Ich würde nie darüber reden. Ich lächle. Ich verachte die Damen, die mich ob meines Lächelns anbeten. Am liebsten würde ich es mir aus dem Gesicht schneiden. Ich kann es aber auch nicht missen. Ich brauche beides. Die Abscheu und das Verlangen. Der Aufeinanderprall der Pole. Der Crash. Adrenalin. Wonne und Entsetzen. Ich im Fahrstuhl. Wir stürzen ab. Rasende Fahrt ins Nichts. Zerschmettern. Während des rasenden Sturzes in die Tiefe schwinden die Sinne. Bewusstlosigkeit. Immer wieder, immer wieder, ach, ach. Was war? Was war? Kurze Benommenheit. Danach. Dann Reinheit im Kopf.

»Lächle, mein Junge«, sagte Mutti immer. ›Lächelnd geht die Welt zugrunde‹, war ihr Wahlspruch. Sie lächelte ständig. Unter allen Umständen. »Ein Dauerlächeln mit etwas Hirn drapiert«, sagte mein Vater mal zu ihr beim Abendessen.

Manchmal schlug er sie. »Weine! Ein einziges Mal!«, schrie er. »Ein einziges Mal!«

Sie lächelte. Lächelnd bügelte sie das Fältchen aus dem Hemd, das sie ihm auf der Kommode zurechtgelegt hatte. Er hatte das Fältchen entdeckt im makellosen Blütenweiß des frisch gestärkten Hemdes. Er tobte, fluchte, riss das Hemd auseinander. Mutti lächelte. »Du lachst mich aus«, schrie mein Vater und schlug ihr auf den Mund, der zu lächeln nicht aufhörte.

Mutti und ich veranstalteten täglich ein Lächeltraining. Sie war passionierte Reiterin. Sie schlug mir mit einer Reitgerte auf die ausgestreckten Finger. Es tat sehr weh. Ich musste lächeln. Unter Tränen. »Lächle«, sagte sie mit ihrer dunklen, sanften Stimme. »Das Lächeln hält dich aufrecht. Es ist der unbeugsame Stock in deiner Seele«. Schwupp! Klatschte die Gerte auf die Fingerspitzen. Wenn ich aufhörte zu lächeln und nur weinte, musste ich zur Strafe in den Schrank. »Bis du wieder brav bist und lächelst«, sagte Mutti. Ich wollte am liebsten verschwinden. Unmerklich. Stückchenweise, damit Mutti nichts merkt. Nicht die ganze Nase, nur die winzige Nasenspitze. Entfliehen aus der lächelnden Haut des Gesichts vor der endgültigen Okkupation durch Muttis Reitgerte. Verschwinden auf Raten. Gesichtslos werden auf leisen Socken. Für immer weg sein. Vor mir verschwand Papa, der mich auf den Knien wiegte und herzte. Eines Tages war er weg. Sein Hemd lag noch auf der Kommode. »Das braucht er jetzt nicht mehr«, lächelte Mutti und warf das Hemd in den Mülleimer. Auf der Kommode lag nie wieder ein Hemd. Nie wieder war die Rede von meinem Papa. Als hätte es ihn nie gegeben. Stattdessen musste ich von der lächelnden Mutti ein Bild zeichnen. Mir schien, ihr Lächeln war nach Papas Verschwinden ein neues, anderes. Ich hatte als Kind bereits ein beachtliches Talent, zu zeichnen. Ich zeichnete Mutti mit dem neuen Lächeln. Es war meine letzte Zeichnung. Danach zeichnete ich nie wieder. Das Bild stand lange auf meinem Nachttisch. Es war mein Würgemal. Seit Kurzem steht es nicht mehr da. Jetzt bin ich ganz alleine.

Mutti machte mir gerne Kotelett mit Kartoffelsalat. Ich mochte es nicht. Ich würgte es lächelnd runter.

Ich packte es nicht. Ich musste mit dem Kotelett in den Kleiderschrank. Mutti stand vor dem Schrank und rief: »Lächelst du wieder?« Ich konnte lächeln, wie ich wollte, sie sah es nicht. Das Kotelett roch nach kaltem Fett. »Lächle!«, rief sie, »oder wehr dich!« Gehorsam sein und sich wehren, wie das? Kotelett essen oder es aus dem Schrank schmeißen! Ich machte keinen Mucks. Hände quollen auf, klumpig, rennen los, werden ganz lang, Händegestrüpp, rennt auf das Kotelett zu. Ein Lächeln schneidet sich ins Fleisch. Maske. Schwupp. Kotelett flitzt vom Teller durch Schranktüre über Tisch und Stuhl hinaus in die ganze Welt. Schwupp. Überall Muttis Augen. Die lauern, wiehern vor Vergnügen, werden zu Schlitzen, messerscharfen, die ein Lächeln in mein Gesicht schnitzen. Nirgends das Kotelett. »Du willst mein Kotelett nicht?« Schwupp! Die Gerte auf die Finger. »Oh doch!«, ruft mein Mund mundlos. Wo ist das Kotelett? Überall krabbelnde Hände. Au weia. Heulen, das mir durch das Lächeln in die Brust kriecht.

Eines Tages war auch Mutti weg. Ohne jedes Adieu. Ihr verdanke ich meine steile Karriere.

Mit ihr erarbeitete ich mein Erfolgslächeln. Diese Gravur im Gesicht. Sie wäre bestimmt stolz auf mich.

Neben mir im Flieger saß eine alte Dame. Die Stewardess bot in einem Körbchen Schokolade an. Dabei lächelte sie. »Ich liebe Schokolade«, sagte die alte Dame und stopfte sich das Täfelchen in den Mund. Sie kaute. Der Geruch der Schokolade verbreitete sich. »Das Lächeln macht die Stewardess eines Tages krank«, mampfte die alte Dame. »Berufslächler werden irgendwann depressiv. Immer nur lächeln und lächeln. Politiker, Autoverkäufer, Kellner. Jeden Esel immer nur anlächeln. Dieses Lächeln, festgezurrt von Ohr zu Ohr. Eingeschnitten. Verhungerte Seelen. Kein Aufschrei: Ihr Kotzbrocken! Keine Übellaune, nichts. Wie Sie!« Sie leckte sich die Schokolade von den Fingern. Jetzt zieht sie sich gleich die lange Nadel aus dem Seidenschal mit der dicken Perle und sticht der Stewardess oder mir das Lächeln aus dem Fleisch. Durchs Auge ins Hirn. Wo das Leben pulsiert. Blutspritzer. Rot. Rotkehlchen flattert durchs Auge ins Freie.

Ein paar Tage später stand in der BZ, man habe eine alte Dame im Flughafen auf der Damentoilette der Ankunftshalle tot aufgefunden. Eine lange Nadel war ihr durch das Auge tief ins Hirn gebohrt worden. Die alte Dame auf dem Foto war meine Nachbarin aus dem Flieger. Mich fröstelte.

Ammersee war ein einziges Lächeln. Schon vor dem Bahnhof lächelte mich auf einer Plakatwand Vanessa Prohl an. In einem Dirndlkleid. Ich ahnte ja noch nichts. In jedem Schaufenster, aus jedem Kiosk lugte die lächelnde Vanessa Prohl. Junge Menschen verteilten Flyer mit ihrem Foto. Ich nahm mir einen. Ich kannte Vanessa Prohl bisher nur aus ihren Werbekampagnen im Fernsehen. Jetzt erfuhr ich auf dem Handzettel, dass sie mir den Preis für den am freundlichsten lächelnden Kellner Deutschlands überreichen würde. Zusammen mit Felix Obermaier, einem Mönch und Braumeister des Klosters Andechs. Im Hotel ging es nonstop weiter. Ich hatte gar keine Zeit, diese Lächeloffensive der Vanessa Prohl zu verarbeiten. Wie von einer krachenden Lawine fühlte ich mich überrollt. Im Gepäck hatte ich, Gott sei Dank!, das Bild meiner lächelnden Mutter. Dieses Mutterlächeln trug ich tief in mir. Es beruhigte. Mehr Ruhe als Schmerz jedenfalls.

Mein Gepäck wurde aufs Zimmer gebracht. Ich wurde ins Trachtenstüberl geleitet. Dort wurde ich Vanessa Prohl vorgestellt. Sie lächelte in einem fort. Ich lächelte natürlich auch. Was sonst?

»Ist das Lächeln der beiden nicht entzückend?«, schwärmte die Pressesprecherin von Vanessa, die mich gleich Julius nannte. »Wie aus einem Holz geschnitzt lächeln sie«, sagte die Besitzerin des Trachtenstüberls, Marga Lotti. Mir wurde ganz seltsam. Mein Lächeln schmerzte, als würde es gerade frisch eingeschnitzt. Es floss aber kein Blut, als ich mir verstohlen an die Wangen fasste. Es war grausam: Ich war ja einen Frack gewohnt, mit gestärkter Hemdbrust. Gefältelt. Die verdeckte Knopfleiste aus Naturperlen. Blitzende Manschettenknöpfe. Mich traf der Schlag, als ich mich im Spiegel sah. Lederhosen bis zu den Knien, Wadenschoner. Die Hosenträger aus Massivleder waren mit einem Riesenhirsch verziert, der auf der Querleiste prangte und mit offenem Maul röhrte. Dazu ein besticktes Leinenhemd mit weiten Pufferärmeln und Bündchen an den Handgelenken mit Knöpfen aus Hirschhorn. Auf dem Kopf saß ein Filzhut mit einem Riesengamsbart. »Symbol der Männlichkeit«, lächelte Vanessa besonders breit. Ihre weißen Zähne blitzten wie geschliffene Säbelchen. Marga, die Trachtenstüberlbesitzerin, kicherte. Ich lächelte. Vanessa lächelte.

»Bitte lächeln«, riefen die Fotografen in der Hotelhalle. Wir taten doch nichts anderes! Dann fuhren wir zum Kloster Andechs. Die Barockkirche dort ist sehr schön. Der Festsaal strahlte Historie aus. Der Braumeister war sehr groß und dick. Er trug eine Kutte, lächelte breit über sein feistes Gesicht und trug ständig einen gefüllten Bierkrug vor sich her. Seine Stimme dröhnte. Viele Fotografen riefen: »Lächeln!«

Wir lächelten zu dritt. Der Mönch überragte Vanessa und mich gebirgsartig. Alle lächelten, als wollte jeder doch noch Preisträger werden. Ich fühlte mich wie in einen Eisklotz eingefroren. Wir saßen im Festsaal in der ersten Reihe. Ganz viele Vertreter des Gaststättengewerbes, des Hotelfachverbandes, der Metzgerinnungen, der Lebensmittelproduzenten, des Bauernverbandes, der Landwirtschaftsministerien, der Bäcker, der Brauereien, der Tourismusbranche, Vertreter von Film und Fernsehen waren da. Viele Sängerinnen und Sänger, die meisten in Trachten, sangen und jodelten. Der Landrat hielt eine Rede. Der Vertreter des Hotelfachdachverbandes hielt ebenfalls eine Rede. Ein Vertreter des Ministers hielt eine Rede. Alle rühmten mein Lächeln. Wie wichtig es sei. Ein Zusammenhalt des ganzen Volkes wäre es. Es wäre ein echt völkisches, nein, volksnahes Lächeln im besten Sinne, korrigierte sich der Präsident des Bauernverbandes in seiner Rede.

Zwischen den Rednern moderierte Vanessa Prohl. Mit Zwitscherstimme trug sie die Produkte der anwesenden Firmen und Produzenten vor. Dann war ich an der Reihe. Ich musste hoch auf die Bühne. Ein Tusch erbrauste. Die Blaskapelle trug unisono Lederhosen mit Gamsbart. So wie ich. Ich lächelte natürlich. Wie immer. Vanessa und der Bierbrauer überreichten mir den Lächlerpokal. Es war ein großes Feuerzeug aus schwerem Gold in Form eines lächelnden Mundes, aus dessen Mundwinkel die Flamme schoss. »Ein brennendes Lächeln«, zwitscherte Vanessa. Der Mönch reichte mir den Bierkrug. Ich nahm einen Schluck. »Süßer«, raunte mir Vanessa ins Ohr, als sie mir den Pokal überreichte. »Bis gleich, mein Lächelbold.« Sie steckte mir ein Zettelchen hinter den Lederhosenlatz.

Ich weiß nicht, was noch alles geschah. Plötzlich war ich wieder in Berlin. Im *Züricher Hof* standen die Kollegen Spalier, als ich morgens kam. Ich war gerührt. Der Pokal hat in der Lounge einen Ehrenplatz.

Ein paar Tage später nach meiner Ehrung ging ein Bild durch die Presse. Der Ammersee war ja zugefroren, als die Ehrung vollzogen wurde. Es war eisiger Winter. Die Wadenschoner hatten tatsächlich gewärmt. Auf dem Pressefoto sah man unter dem Eis Vanessa Prohl und den Braumeister. Sie lächelten durch die Eisdecke. Als lebten sie noch. Für immer vereint. Man hat sie mit einem spitzen

Eispickel getötet und unters Eis geschafft. ›Ein enormer Kraftakt, die Tat eines Berserkes‹, stand in dem Artikel. Ich wurde auch kurz erwähnt. Mir wurde ganz anders.

Ich habe ein neues Hobby. In Kästen aufgespießte Schmetterlinge. Ich habe sie vorsichtig von der Nadel genommen, jeden Schmetterling einzeln, und habe jeden einzelnen Schmetterling mit jeweils einem Zettelchen einer meiner Verehrerinnen unterlegt. Das letzte Zettelchen war das von Vanessa, geschmückt von einem herrlichen Pfauenauge. »Lächle mir nicht davon, mein Held«, stand auf dem Zettelchen. Ach ja, das Bild meiner Mutter war verschwunden, als ich in Berlin wieder ankam. Es war nicht mehr in meinem Gepäck. Es hat mir gar nicht so viel ausgemacht.

Eine junge Chinesin mit einem charmanten Lächeln winkte mir. Die Delegationsführerin einer Artistentruppe aus Peking. Ein geschmeidiges Geschöpf. »Einen Tee, bitte«, sagte sie. Ich wusste es doch. In meiner Manschette steckte ein

Schriftröllchen mit chinesischen Zeichen, nachdem ich den Tee serviert hatte.

Ein Zitronenfalter drapiert das Röllchen im Schmetterlingskasten. Ich finde, ein Zitronenfalter passt zum Tee. Die Delegationsleiterin war übrigens plötzlich unauffindbar. Wie vom Erdboden verschluckt.

»Sie hat sich abgesetzt«, munkelte man.

Ich weiß bis heute nicht, was die Schriftzeichen in dem Röllchen bedeuten. Jeder hat doch ein Geheimnis, oder nicht?

Autoren-Biografien

- ky (alias Horst Bosetzky)

Geboren am 1.2.1938 in Berlin. Professor für Soziologie, Mitbegründer des ›Neuen deutschen Kriminalromans‹ und Erfinder des Sozio-Krimis. Seit 1971 zahllose (z. T. verfilmte) Kriminalromane (u. a. ›Einer von uns beiden‹ mit J. Prochnow und Klaus Schwarzkopf, Regie: Wolfgang Petersen).

1991–2001 Sprecher der Krimiautorenvereinigung ›Syndikat‹, seit Mai 2000 ›Berliner VS‹-Vorsitzender.

Auszeichnungen: 1980 Preis für den besten deutschsprachigen Kriminalroman, 1988 ›Prix Mystère de la Critique‹ für den besten ausländischen Kriminalroman in französischer Sprache, 1992 ›Ehren-Glauser‹ des ›Syndikats‹ für das Gesamtwerk und die Verdienste um den deutschsprachigen Kriminalroman, 2005 Verdienstorden der Bundesrepublik Deutschland.

Aktuelle Veröffentlichungen: ›Tatort Tegel‹ (Hrsg.), ›Der Lustmörder‹.

Die in dieser Anthologie abgedruckte Geschichte ist ein Auszug aus dem Episoden-Roman ›Das Wandern ist des Mörders Lust‹ von Horst Bosetzky, © 2004 Deutscher Taschenbuch Verlag GmbH & Co. KG, München. Für diese Anthologie neu überarbeitete Fassung des Autors.

www.horstbosetzky.de

Angela Eßer

Angela Eßer ist Autorin, Herausgeberin von Krimi-Anthologien und Sprecherin des ›Syndikats‹, der Autorengruppe deutschsprachiger Kriminalliteratur. Sie wurde 1960 in Krefeld geboren, studierte Theaterwissenschaften und war als pädagogische Mitarbeiterin an der VHS München und am Theater tätig. Mit ihrer Familie lebt sie in der Nähe von Augsburg und veranstaltet in ganz Deutschland Krimi-Kochseminare, in denen die kulinarischen Vorlieben von berühmten Privatdetektiven und Kommissaren aus der Kriminalliteratur aufgedeckt werden.

… und während ihr Mann am Wochenende mit dem Rennrad den Ammersee umrundet, trinkt sie am liebsten Cappuccino in der Strandbar in Stegen.

www.angelaesser.de / www.das-syndikat.com

Nicola Förg

Nicola Förg ist im Oberallgäu aufgewachsen, studierte in München Germanistik und Geographie und ist ganz im Westen Oberbayerns der alten Heimat wieder näher gerückt. Sie lebt mit Mann, fünf Pferden, zwei Kaninchen und einer wechselnden Zahl von Katzen in einem vierhundert Jahre alten denkmalgeschützten Bauernhaus im Ammertal. Dort, wo die Natur opulent ist und wo die Menschen ein ganz spezieller Schlag sind. Als Reise-, Berg-, Ski- und Pferdejournalistin ist ihr das Basis und Heimat, als Buchautorin Inspiration, denn hinter der Geranienpracht gibt es viele Gründe, (zumindest literarisch) zu morden. Bisherige Romane mit Kommissar Weinzierl: ›Schussfahrt‹, ›Funkensonntag‹, ›Kuhhandel‹, ›Gottesfurcht‹,

›Eisenherz‹, ›Nachtpfade‹, ›Hundsleben‹ (Emons/ Goldmann).

Harry Luck

Harry Luck wurde 1972 in Remscheid geboren und lernte beim ›Remscheider Generalanzeiger‹ das journalistische Handwerk. 1995 kam er nach München, wo er Politik studierte und bei verschiedenen Zeitungen und Radiosendern arbeitete. 1999 baute er die Bayernredaktion der Nachrichtenagentur ddp auf, die er bis 2004 leitete. Als stellvertretender Nachrichtenchef bei ›Focus Online‹ betreut er auch als Leiter der ›Focus-Online-Mordkommission‹ die wöchentliche Krimi-Kolumne. Luck ist Mitglied in der Krimi-Autorenvereinigung ›Syndikat‹. Mit ›Der Isarbulle‹ debütierte er 2003 als Krimi-Autor. Weitere Kriminalromane: ›Schwarzgeld‹, ›Wiesn-Feuer‹, ›Absolution‹, ›Das Lächeln der Landrätin‹. Er lebt mit seiner Familie im Fünf-Seen-Land und liebt lange Spaziergänge am Ammersee.

www.harryluck.de

Jörg Maurer

Jörg Maurer, geboren 1953, studierte Germanistik, Anglistik, Theaterwissenschaften und Philosophie. Er lebt als Kabarettist, Musiker und Autor in München und führt seit 1994 das Privattheater ›Unterton‹. Er wurde mit zahlreichen Preisen ausgezeichnet, darunter zweimal mit dem ›Agatha-Christie-Krimipreis‹, ›Münchner Kabarettpreis‹, ›Schwabinger Kunstpreis‹ u. a. Gerade ist sein erster Roman im Fischer Taschenbuch Verlag erschienen: ›Föhnlage‹, ein Krimi, der im oberbayerischen Alpenraum spielt.

www.joergmaurer.de

Michael Rossié

Der Autor, Schauspieler und Coach Michael Rossié wurde 1958 in Köln geboren und lebt seit rund 30 Jahren in Gräfelfing bei München. Er schrieb Drehbücher für diverse TV-Serien sowie das Drehbuch für den Kinofilm ›Supersingle‹ (Regie: Sharon von Wietersheim). Zudem verfasste er diverse Sachbücher (›Sprechertraining‹, ›Frei sprechen‹, ›Schwierige Gespräche mit Chef und

Kollegen‹ u. a.). Er ist Mitglied im ›Syndikat‹ und hat zahlreiche Kurzkrimis veröffentlicht. 2006 wurde er für den renommierten ›Friedrich-Glauser-Kurzkrimipreis‹ nominiert, 2008 wurde er mit dem ›Literaturpreis Timmendorfer Strand‹ ausgezeichnet. Er liebt Kurzurlaube am Ammersee, bei denen er immer wieder auf ganz andere Gedanken kommt.

www.sprechertraining.de

Jochen Senf

Autor und Schauspieler Jochen Senf, geboren 1942, ist den Krimifans vor allem durch seine Rolle als Saarländer ›Tatort‹-Kommissar Max Palu bekannt. Außerdem spielte er in zahlreichen Krimiserien mit. Daneben verfasste er zahlreiche Drehbücher, Kinderbücher und Hörspiele. 2006 wurde er mit dem Berliner Krimipreis ›Krimifuchs‹ ausgezeichnet. Romane (Auswahl): ›Bruno geht zu Fuß‹, ›Nichtwisser‹, ›Knochenspiel‹. Jochen Senf lebt in Berlin, ist Mitglied im ›Syndikat‹ und engagiert sich gegen häusliche Gewalt. Als Autor war er auch schon zu Gast am Ammersee, wo er zu seinem Kurzkrimi inspiriert wurde.

www.agentur-freitag.de

Sabine Thomas (Hrsg.)

Sabine Thomas ist Autorin, Fotografin und Initiatorin des Krimifestivals ›Tatort Ammersee‹ sowie des ›Krimifestival München‹. Sie wurde bekannt als TV-Moderatorin (TELE5, Musicbox, ARD), hat einen preisgekrönten Roman (›Yaizas Insel‹), diverse Bildtextbände (über Abba, Robbie Williams u. a.) sowie zahlreiche Kurzkrimis in Anthologien veröffentlicht und Drehbücher für eine ARD-Krimiserie geschrieben. Nach einem Intermezzo in Berlin lebt die gebürtige Olchingerin seit einigen Jahren in Herrsching. Ihr Lieblingsplatz am Ammersee ist die Strandbar im Herrschinger Seewinkel.

www.sabinethomas.de

www.tatort-ammersee.de

FRIEDERIKE SCHMÖE
Schweigfeinstill

371 Seiten, Paperback.
ISBN 978-3-89977-805-2.

TOTGESCHWIEGEN Ärger für Ghostwriterin Kea Laverde: Erst raubt ein Einbrecher all ihre Unterlagen und stirbt kurz darauf bei einem Verkehrsunfall; dann wird ihr Kunde, Andy Steinfelder, der nach einem Schlaganfall an Aphasie leidet und seitdem nicht mehr sprechen kann, des Mordes beschuldigt.

Doch wer die gerechtigkeitsliebende Ex-Journalistin einschüchtern will, sollte sich warm anziehen: Während die Polizei noch ermittelt, geht Kea den Dingen selbst auf den Grund. Gegen den Willen von Hauptkommissar Nero Keller nimmt sie im winterlichen München den Kampf gegen ihre unsichtbaren Feinde auf.

... Ein mysteriöser Unfall
... Ein dreister Diebstahl
... Eine kämpferische Ermittlerin

Ghostwriterin Kea Laverde in ihrem ersten Fall.

ONO MOTHWURF
Taubendreck

275 Seiten, Paperback.
ISBN 978-3-89977-807-6.

TROJANISCHE TAUBEN Kommissar Thomas Wondrak, Mitte vierzig, ist Bayerns erfolgreichster Mordaufklärer – unter Kriminalisten eine Legende. Seit knapp zwei Jahren bereitet ihm allerdings die Mühelosigkeit, mit der sich seine Fälle wie von selbst lösen, Kopfzerbrechen. Um seine kriminalistische Kombinationsfähigkeit nicht völlig verkrüppeln zu lassen, hat sich der Chef der Kripo Fürstenfeldbruck angewohnt, jedem noch so kleinen Detail eines Verbrechens nachzugehen.

Was sich in seinem neuen Fall jedoch als kompliziert erweist: Millionen von Dollars, die den Besitzer wechseln, mysteriöse Todesfälle und eine tierische Massenvernichtungswaffe lassen ihn den Überblick verlieren ...

GMEINER

Wir machen's spannend

Alle Gmeiner-Autoren und ihre Krimis auf einen Blick

Die Pforten der Hölle (2007) **KLEWE, SABINE**: Blutsonne (2008) • Wintermärchen (2007) • Kinderspiel (2005) • Schattenriss (2004) **KLÖSEL, MATTHIAS**: Tourneekoller (2008) **KLUGMANN, NORBERT**: Die Nacht des Narren (2008) • Die Tochter des Salzhändlers (2007) • Kabinettstück (2006) • Schlüsselgewalt (2004) • Rebenblut (2003) **KOHL, ERWIN**: Willenlos (2008) • Flatline (2007) • Grabtanz • Zugzwang (2006) **KÖHLER, MANFRED**: Tiefpunkt • Schreckensgletscher (2007) **KOPPITZ, RAINER C.**: Machtrausch (2005) **KRAMER, VERONIKA**: Todesgeheimnis (2006) • Rachesommer (2005) **KRONENBERG, SUSANNE**: Rheingrund (2009) • Weinrache (2007) • Kultopfer (2006) • Flammenpferd (2005) **KURELLA, FRANK**: Der Kodex des Bösen (2009) • Das Pergament des Todes (2007) **LASCAUX, PAUL**: Wursthimmel • Salztränen (2008) **LEBEK, HANS**: Karteileichen (2006) • Todesschläger (2005) **LEHMKUHL, KURT**: Raffgier (2008) **LEIX, BERND**: Waldstadt (2007) • Hackschnitzel (2006) • Zuckerblut • Bucheckern (2005) **MADER, RAIMUND A.**: Glasberg (2008) **MAINKA, MARTINA**: Satanszeichen (2005) **MISKO, MONA**: Winzertochter • Kindsblut (2005) **MOTHWURF, ONO**: Taubendreck (2009) **OTT, PAUL**: Bodensee-Blues (2007) **PUHLFÜRST, CLAUDIA**: Rachegöttin (2007) • Dunkelhaft (2006) • Eiseskälte • Leichenstarre (2005) **PUNDT, HARDY**: Deichbruch (2008) **PUSCHMANN, DOROTHEA**: Zwickmühle (2009) **SCHAEWEN, OLIVER VON**: Schillerhöhe (2009) **SCHMITZ, INGRID**: Mordsdeal (2007) • Sündenfälle (2006) **SCHMÖE, FRIEDERIKE**: Schweigfeinstill (2009) • Spinnefeind • Pfeilgift (2008) • Januskopf • Schockstarre (2007) • Käfersterben • Fratzenmond (2006) • Kirchweihmord • Maskenspiel (2005) **SCHNEIDER, HARALD**: Schwarzkittel (2009) • Ernteopfer (2008) **SCHRÖDER, ANGELIKA**: Mordsgier (2006) • Mordswut (2005) • Mordsliebe (2004) **SCHUKER, KLAUS**: Brudernacht (2007) • Wasserpilz (2006) **SCHULZE, GINA**: Sintflut (2007) **SCHWAB, ELKE**: Angstfalle (2006) • Großeinsatz (2005) **SCHWARZ, MAREN**: Zwiespalt (2007) • Maienfrost • Dämonenspiel (2005) • Grabeskälte (2004) **SENF, JOCHEN**: Knochenspiel (2008) • Nichtwisser (2007) **SEYERLE, GUIDO**: Schweinekrieg (2007) **STEINHAUER, FRANZISKA**: Menschenfänger (2008) • Narrenspiel (2007) • Seelenqual • Racheakt (2006) **SZRAMA, BETTINA**: Die Giftmischerin (2009) **THÖMMES, GÜNTHER**: Das Erbe des Bierzauberers (2009) • Der Bierzauberer (2008) **THADEWALDT, ASTRID / BAUER, CARSTEN**: Blutblume (2007) • Kreuzkönig (2006) **VALDORF, LEO**: Großstadtsumpf (2006) **VERTACNIK, HANS-PETER**: Ultimo (2008) •Abfangjäger (2007) **WARK, PETER**: Epizentrum (2006) • Ballonglühen (2003) • Albtraum (2001) **WILKENLOH, WIMMER**: Poppenspäl (2009) • Feuermal (2006) • Hätschelkind (2005) **WYSS, VERENA**: Todesformel (2008) **ZANDER, WOLFGANG**: Hundeleben (2008)

GMEINER

Wir machen's spannend